心一堂術數古籍珍本叢刊

書名：易經占卜靈書──易理鑰
系列：心一堂術數古籍珍本叢刊　占筮類　第三輯　242
作者：【民國】吳文愚
主編、責任編輯：陳劍聰
心一堂術數古籍珍本叢刊編校小組：陳劍聰　素聞　鄒偉才　虛白盧主　丁鑫華

出版：心一堂有限公司
通訊地址：香港九龍旺角彌敦道六一〇號荷李活商業中心十八樓〇五─〇六室
深港讀者服務中心‧中國深圳市羅湖區立新路六號羅湖商業大廈負一層〇〇八室
電話號碼：(852)9027-7110
網址：publish.sunyata.cc
電郵：sunyatabook@gmail.com
網店：http://book.sunyata.cc
淘寶店地址：https://sunyata.taobao.com
微店地址：https://weidian.com/s/1212826297
臉書：https://www.facebook.com/sunyatabook
讀者論壇：http://bbs.sunyata.cc/

版次：二零二一年四月初版
平裝

定價：港幣　二百六十八元正
新台幣　九百九十八元正

國際書號：ISBN 978-988-8583-82-9

香港發行：香港聯合書刊物流有限公司
地址：香港新界荃灣德士古道二二〇─二四八號荃灣工業中心十六樓
電話號碼：(852)2150-2100
傳真號碼：(852)2407-3062
電郵：info@suplogistics.com.hk
網址：http://www.suplogistics.com.hk

台灣發行：秀威資訊科技股份有限公司
地址：台灣台北市內湖區瑞光路七十六巷六十五號一樓
電話號碼：+886-2-2796-3638
傳真號碼：+886-2-2796-1377
網絡書店：www.bodbooks.com.tw
台灣秀威書店讀者服務中心：
地址：台灣台北市中山區松江路二〇九號一樓
電話號碼：+886-2-2518-0207
傳真號碼：+886-2-2518-0778
網絡書店：http://www.govbooks.com.tw

中國大陸發行　零售：深圳心一堂文化傳播有限公司
深圳地址：深圳市羅湖區立新路六號羅湖商業大廈負一層〇〇八室
電話號碼：(86)0755-82224934

心一堂微店二維碼

心一堂淘寶店二維碼

心一堂術數古籍 珍本 整理 叢刊 總序

術數定義

術數，大概可謂以「推算（推演）、預測人（個人、群體、國家等）、事、物、自然現象、時間、空間方位等規律及氣數，並或通過種種『方術』，從而達致趨吉避凶或某種特定目的」之知識體系和方法。

術數類別

我國術數的內容類別，歷代不盡相同，例如《漢書・藝文志》中載，漢代術數有六類：天文、曆譜、五行、蓍龜、雜占、形法。至清代《四庫全書》，術數類則有：數學、占候、相宅相墓、占卜、命書、相書、陰陽五行、雜技術等，其他如《後漢書・方術部》、《藝文類聚・方術部》、《太平御覽・方術部》等，對於術數的分類，皆有差異。古代多把天文、曆譜、及部分數學均歸入術數類，而民間流行亦視傳統醫學作為術數的一環；此外，有些術數與宗教中的方術亦往往難以分開。現代民間則常將各種術數歸納為五大類別：命、卜、相、醫、山，通稱「五術」。

本叢刊在《四庫全書》的分類基礎上，將術數分為九大類別：占筮、星命、相術、堪輿、選擇、三式、讖諱、理數（陰陽五行）、雜術（其他）。而未收天文、曆譜、算術、宗教方術、醫學。

術數思想與發展——從術到學，乃至合道

我國術數是由上古的占星、卜筮、形法等術發展下來的。其中卜筮之術，是歷經夏商周三代而通過「龜卜、蓍筮」得出卜（筮）辭的一種預測（吉凶成敗）術，之後歸納並結集成書，此即現傳之《易

經》。經過春秋戰國至秦漢之際，受到當時諸子百家的影響、儒家的推崇，遂有《易傳》等的出現，原本是卜筮術書的《易經》，被提升及解讀成有包涵「天地之道（理）」之學。因此，《易・繫辭傳》曰：「易與天地準，故能彌綸天地之道。」

漢代以後，易學中的陰陽學說，與五行、九宮、干支、氣運、災變、律曆、卦氣、讖緯、天人感應說等相結合，形成易學中象數系統。而其他原與《易經》本來沒有關係的術數，如占星、形法、選擇，亦漸漸以易理（象數學說）為依歸。《四庫全書・易類小序》云：「術數之興，多在秦漢以後。要其旨，不出乎陰陽五行，生尅制化。實皆《易》之支派，傅以雜說耳。」至此，術數可謂已由「術」發展成「學」。

及至宋代，術數理論與理學中的河圖洛書、太極圖、邵雍先天之學及皇極經世等學說給合，通過術數以演繹理學中「天地中有一太極，萬物中各有一太極」（《朱子語類》）的思想。術數理論不單已發展至十分成熟，而且也從其學理中衍生一些新的方法或理論，如《梅花易數》、《河洛理數》等。

在傳統上，術數功能往往不止於僅僅作為趨吉避凶的方術，及「能彌綸天地之道」的學問，亦有其「修心養性」的功能，「與道合一」（修道）的內涵。《素問・上古天真論》：「上古之人，其知道者，法於陰陽，和於術數。」數之意義，不單是外在的算數、歷數、氣數，而是與理學中同等的「道」、「理」--心性的功能，北宋理氣家邵雍對此多有發揮：「聖人之心，是亦數也」、「萬化萬事生乎心」、「心為太極」。《觀物外篇》：「先天之學，心法也。……蓋天地萬物之理，盡在其中矣，心一而不分，則能應萬物。」反過來說，宋代的術數理論，受到當時理學、佛道及宋易影響，認為心性本質上是等同天地之太極。天地萬物氣數規律，能通過內觀自心而有所感知，即是內心也已具備有術數的推演及預測、感知能力；相傳是邵雍所創之《梅花易數》，便是在這樣的背景下誕生。

《易・文言傳》已有「積善之家，必有餘慶；積不善之家，必有餘殃」之說，至漢代流行的災變說及讖緯說，我國數千年來都認為天災，異常天象（自然現象），皆與一國或一地的施政者失德有關；下至家族、個人之盛衰，也都與一族一人之德行修養有關。因此，我國術數中除了吉凶盛衰理數之外，人心的德行修養，也是趨吉避凶的一個關鍵因素。

術數與宗教、修道

在這種思想之下，我國術數不單只是附屬於巫術或宗教行為的方術，又往往是一種宗教的修煉手段——通過術數，以知陰陽，乃至合陰陽（道）。「其知道者，法於陰陽，和於術數。」例如，「奇門遁甲」術中，即分為「術奇門」與「法奇門」兩大類。「法奇門」中有大量道教中符籙、手印、存想、內煉的內容，是道教內丹外法的一種重要外法修煉體系。甚至在雷法一系的修煉上，亦大量應用了術數內容。此外，相術、堪輿術中也有修煉望氣（氣的形狀、顏色）的方法；堪輿家除了選擇陰陽宅之吉凶外，也有道教中選擇適合修道環境（法、財、侶、地中的地）的方法，以至通過堪輿術觀察天地山川陰陽之氣，亦成為領悟陰陽金丹大道的一途。

易學體系以外的術數與的少數民族的術數

我國術數中，也有不用或不全用易理作為其理論依據的，如揚雄的《太玄》、司馬光的《潛虛》。也有一些占卜法、雜術不屬於《易經》系統，不過對後世影響較少而已。

外來宗教及少數民族中也有不少雖受漢文化影響（如陰陽、五行、二十八宿等學說。）但仍自成系統的術數，如古代的西夏、突厥、吐魯番等占卜及星占術，藏族中有多種藏傳佛教占卜術、苯教占卜術、擇吉術、推命術、相術等；北方少數民族有薩滿教占卜術；不少少數民族如水族、白族、布朗族、佤族、彝族、苗族等，皆有占雞（卦）草卜、雞蛋卜等術，納西族的占星術、占卜術，彝族畢摩的推命術、占卜術……等等，都是屬於《易經》體系以外的術數。相對上，外國傳入的術數以及其理論，對我國術數影響更大。

曆法、推步術與外來術數的影響

我國的術數與曆法的關係非常緊密。早期的術數中，很多是利用星宿或星宿組合的位置（如某星在某州或某宮某度）付予某種吉凶意義，并據之以推演，例如歲星（木星）、月將（某月太陽所躔之宮次）等。不過，由於不同的古代曆法推步的誤差及歲差的問題，若干年後，其術數所用之星辰的位置，已與真實星辰的位置不一樣了；此如歲星（木星），早期的曆法及術數以十二年為一周期（以應地支），與木星真實周期十一點八六年，每幾十年便錯一宮。後來術家又設一「太歲」的假想星體來解決，是歲星運行的相反，週期亦剛好是十二年。而術數中的神煞，很多即是根據太歲的位置而定。又如六壬術中的「月將」，原是立春節氣後太陽躔娵訾之次而稱作「登明亥將」，至宋代，因歲差的關係，要到雨水節氣後太陽才躔娵訾之次，當時沈括提出了修正，但明清時六壬術中「月將」仍然沿用宋代沈括修正的起法沒有再修正。

由於以真實星象周期的推步術是非常繁複，而且古代星象推步術本身亦有不少誤差，大多數術數除依曆書保留了太陽（節氣）、太陰（月相）的簡單宮次計算外，漸漸形成根據干支、日月等的各自起例，以起出其他具有不同含義的眾多假想星象及神煞系統。唐宋以後，我國絕大部分術數都主要沿用這一系統，也出現了不少完全脫離真實星象的術數，如《子平術》、《紫微斗數》、《鐵版神數》等。後來就連一些利用真實星辰位置的術數，如《七政四餘術》及選擇法中的《天星選擇》，也已與假想星象及神煞混合而使用了。

隨着古代外國曆（推步）、術數的傳入，如唐代傳入的印度曆法及術數，元代傳入的回回曆等，其中我國占星術便吸收了印度占星術中羅睺星、計都星等而形成四餘星，又通過阿拉伯占星術而吸收了其中來自希臘、巴比倫占星術的黃道十二宮、四大（四元素）學說（地、水、火、風），並與我國傳統的二十八宿、五行說、神煞系統並存而形成《七政四餘術》。此外，一些術數中的北斗星名，不用我國傳統的星名：天樞、天璇、天璣、天權、玉衡、開陽、搖光，而是使用來自印度梵文所譯的：貪狼、巨門、祿存、文曲，廉貞、武曲、破軍等，此明顯是受到唐代從印度傳入的曆法及占星術所影響。如星命術中的《紫微斗數》及堪輿術中的《撼龍經》等文獻中，其星皆用印度譯名。及至清初《時憲曆》，置閏之法則改用西法「定氣」。清代以後的術數，又作過不少的調整。

此外，我國相術中的面相術、手相術，唐宋之際受印度相術影響頗大，至民國初年，又通過翻譯歐西、日本的相術書籍而大量吸收歐西相術的內容，形成了現代我國坊間流行的新式相術。

陰陽學——術數在古代、官方管理及外國的影響

術數在古代社會中一直扮演着一個非常重要的角色，影響層面不單只是某一階層、某一職業、某一年齡的人，而是上自帝王，下至普通百姓，從出生到死亡，不論是生活上的小事如洗髮、出行等，大事如建房、入伙、出兵等，從個人、家族以至國家，從天文、氣象、地理到人事、軍事，從民俗、學術到宗教，都離不開術數的應用。我國最晚在唐代開始，已把以上術數之學，稱作陰陽（學），行術數者稱陰陽人。（敦煌文書、斯四三二七唐《師師漫語話》：「以下說陰陽人謾語話」，此說法後來傳入日本，今日本人稱行術數者為「陰陽師」）。一直到了清末，欽天監中負責陰陽術數的官員中，以及民間術數之士，仍名陰陽生。

古代政府的中欽天監（司天監），除了負責天文、曆法、輿地之外，亦精通其他如星占、選擇、堪輿等術數，除在皇室人員及朝庭中應用外，也定期頒行日書、修定術數，使民間對於天文、日曆用事吉凶及使用其他術數時，有所依從。

我國古代政府對官方及民間陰陽學及陰陽官員，從其內容、人員的選拔、培訓、認證、考核、律法監管等，都有制度。至明清兩代，其制度更為完善、嚴格。

宋代官學之中，課程中已有陰陽學及其考試的內容。（宋徽宗崇寧三年〔一一零四年〕崇寧算學令：「諸學生習……並曆算、三式、天文書。」「諸試……三式即射覆及預占三日陰陽風雨。天文即預

定一月或一季分野災祥，並以依經備草合問為通。」

金代司天臺，從民間「草澤人」（即民間習術數人士）考試選拔：「其試之制，以《宣明曆》試推步，及《婚書》、《地理新書》試合婚、安葬，並《易》筮法，六壬課、三命、五星之術。」（《金史》卷五十一．志第三十二．選舉一）

元代為進一步加強官方陰陽學對民間的影響、管理、控制及培育，除沿襲宋代、金代在司天監掌管陰陽學及中央的官學陰陽學課程之外，更在地方上增設陰陽學課程（《元史．選舉志一》：「世祖至元二十八年夏六月始置諸路陰陽學。」）地方上也設陰陽學教授員，培育及管轄地方陰陽人。（《元史．選舉志一》：「（元仁宗）延祐初，令陰陽人依儒醫例，於路、府、州設教授員，凡陰陽人皆管轄之，而上屬於太史焉。」）自此，民間的陰陽術士（陰陽人），被納入官方的管轄之下。

至明清兩代，陰陽學制度更為完善。中央欽天監掌管陰陽學，明代地方縣設陰陽學正術，各州設陰陽學典術，各縣設陰陽學訓術。陰陽人從地方陰陽學肆業或被選拔出來後，再送到欽天監考試。（《大明會典》卷二二三：「凡天下府州縣舉到陰陽人堪任正術等官者，俱從吏部送（欽天監），考中，送回選用；不中者發回原籍為民，原保官吏治罪。」）清代大致沿用明制，凡陰陽術數之流，悉歸中央欽天監及地方陰陽官員管理、培訓、認證。至今尚有「紹興府陰陽印」、「東光縣陰陽學記」等明代銅印，及某某縣某某某之清代陰陽執照等傳世。

清代欽天監漏刻科對官員要求甚為嚴格。《大清會典》「國子監」規定：「凡算學之教，設肄業生。滿洲十有二人，蒙古、漢軍各六人，於各旗官學內考取。漢十有二人，於舉人、貢監生童內考取。附學生二十四人，由欽天監選送。教以天文演算法諸書，五年學業有成，舉人引見以欽天監博士用，貢監生童以天文生補用。」學生在官學肄業、貢監生肄業或考得舉人後，經過了五年對天文、算法、陰陽學的學習，其中精通陰陽術數者，會送往漏刻科。而在欽天監供職的官員，《大清會典則例》「欽天監」規定：「本監官生三年考核一次，術業精通者，保題升用。不及者，停其升轉，再加學習。如能黽勉供職，即予開復。仍不及者，降職一等，再令學習三年，能習熟者，准予開復，仍不能者，黜退。」除定期考核以定其升用降職外，《大清律例》中對陰陽術士不準確的推斷（妄言禍福）是要治罪的。《大清律例·一七八·術七·妄言禍福》：「凡陰陽術士，不許於大小文武官員之家妄言禍福，違者杖一百。其依經推算星命卜課，不在禁限。」大小文武官員延請的陰陽術士，自然是以欽天監漏刻科官員或地方陰陽官員為主。

官方陰陽學制度也影響鄰國如朝鮮、日本、越南等地，一直到了民國時期，鄰國仍然沿用着我國的多種術數。而我國的漢族術數，在古代甚至影響遍及西夏、突厥、吐蕃、阿拉伯、印度、東南亞諸國。

術數研究

術數在我國古代社會雖然影響深遠，「是傳統中國理念中的一門科學，從傳統的陰陽、五行、九宮、八卦、河圖、洛書等觀念作大自然的研究。……傳統中國的天文學、數學、煉丹術等，要到上世紀中葉始受世界學者肯定。可是，術數還未受到應得的注意。術數在傳統中國科技史、思想史，文化史、社會史，甚至軍事史都有一定的影響。……更進一步了解術數，我們將更能了解中國歷史的全貌。」（何丙郁《術數、天文與醫學中國科技史的新視野》，香港城市大學中國文化中心。）

可是術數至今一直不受正統學界所重視，加上術家藏秘自珍，又揚言天機不可洩漏，「（術數）乃吾國科學與哲學融貫而成一種學說，數千年來傳衍嬗變，或隱或現，全賴一二有心人為之繼續維繫，賴以不絕，其中確有學術上研究之價值，非徒癡人說夢，荒誕不經之謂也。其所以至今不能在科學中成立一種地位者，實有數因。蓋古代士大夫階級目醫卜星相為九流之學，多恥道之；而發明諸大師又故為惝怳迷離之辭，以待後人探索；間有一二賢者有所發明，亦秘莫如深，既恐洩天地之秘，復恐譏為旁門左道，始終不肯公開研究，成立一有系統說明之書籍，貽之後世。故居今日而欲研究此種學術，實一極困難之事。」（民國徐樂吾《子平真詮評註》，方重審序）

現存的術數古籍，除極少數是唐、宋、元的版本外，絕大多數是明、清兩代的版本。其內容也主要是明、清兩代流行的術數，唐宋或以前的術數及其書籍，大部分均已失傳，只能從史料記載、出土文獻、敦煌遺書中稍窺一鱗半爪。

術數版本

坊間術數古籍版本，大多是晚清書坊之翻刻本及民國書賈之重排本，其中豕亥魚魯，或任意增刪，往往文意全非，以至不能卒讀。現今不論是術數愛好者，還是民俗、史學、社會、文化、版本等學術研究者，要想得一常見術數書籍的善本、原版，已經非常困難，更遑論如稿本、鈔本、孤本等珍稀版本。在文獻不足及缺乏善本的情況下，要想對術數的源流、理法、及其影響，作全面深入的研究，幾不可能。

有見及此，本叢刊編校小組經多年努力及多方協助，在海內外搜羅了二十世紀六十年代以前漢文為主的術數類善本、珍本、鈔本、孤本、稿本、批校本等數百種，精選出其中最佳版本，分別輯入兩個系列：

一、心一堂術數古籍珍本叢刊

二、心一堂術數古籍整理叢刊

前者以最新數碼（數位）技術清理、修復珍本原本的版面，更正明顯的錯訛，部分善本更以原色彩色精印，務求更勝原本。并以每百多種珍本、一百二十冊為一輯，分輯出版，以饗讀者。

後者延請、稿約有關專家、學者，以善本、珍本等作底本，參以其他版本，古籍進行審定、校勘、注釋，務求打造一最善版本，方便現代人閱讀、理解、研究等之用。

限於編校小組的水平，版本選擇及考證、文字修正、提要內容等方面，恐有疏漏及舛誤之處，懇請方家不吝指正。

心一堂術數古籍 珍本 整理 叢刊編校小組

二零零九年七月序

二零一四年九月第三次修訂

神機妙算
先知先覺

易理論

六十四卦
科學研究

易經占卜靈書

弁言

易經是難解的書籍，普通的人，能解釋易經的很少；從前所出的註解易經的書籍，多是不容易明白的。因爲從前普通的易經書籍，大概全是預備給賣卜人或是儒學家看的；所以普通的人，對于這種書籍，便難明白了。

預備給賣卜人看的易經書籍，多是講究占卜的方法，以及關于賣卜人職業的事情；關于易經的理論，却是很少的。預備給儒學家看的易經書籍，却又註重訓詁註釋之學，每一個字的講義，和一句的解釋，往往要長篇累牘，有幾十頁之多；對于易經的本體，却是沒有說明。

因爲從前的儒學家和賣卜人，多是不明白西洋派研究學問的方法，所以不能用科學方法，研究易經。因爲這個緣故，所以現代知識階級的人，對于從前的易經書籍，往往不喜歡看，並且看了也不懂。

著者因爲要使初學的人，研究易經，容易明白；所以著作本書，用科學的研究方法，淺顯易明的文字，解釋易經；以期普通的人，全能看了本書的講義，知道易經的精微妙理；看了本書的占法，可以隨時應用，達到先知先覺的目的。

本書用科學的方法，研究易經的道理，所以可作爲文學家的新詳述依據易經的占筮方法，所以可作為賣卜人的指南針；講解淺顯，文字簡明，所以不論是什麼人，看了本書，全能明白。

本書用現代科學的「方法論」，在理論的和系統的方面，解釋易經；在世上解釋易經的書籍裏邊，確是獨一無二的新書。

著者誌

◉六壬學講義——一名『六壬鑰』——

▲破天荒偉大著作▲開神祕學術之扉▲神祕學術公開▲預言家之祕鑰

中國奇術・非科學・非哲學。自有一種神祕不可思議之原理・精識所至・輒有奇驗。不學無術者・指爲迷信。實則彼未嘗知個中三昧耳・蓋若無神奇效驗・何能傳至數千年而不替・歷史上如諸葛亮劉伯溫輩・神機妙算・判斷過去未來絲毫不爽・現今名將幕府亦多羅致此種奇術人才・如吳佩孚張其鍠諸公・精通六壬・尤其皎皎者也・惟是奇術書籍・深晦難讀。古本尤多誤字・本局抱發揚奇術之志・延聘名家・照講義體裁・編著奇術書籍・歷年出版・不下數十種・粗稱完備・閱者即可試驗・誠中國奇術界之大福音焉・

▼六壬一學・歷代精者極少。諸葛亮劉伯溫輩・指指陰陽一算・能知過去未來・眞精於壬學者・

▲原本六壬書・深晦難讀・▲研究數十年・始能貫通・▲故精其理者・極爲少數・

廣山蔣問天先生・聰明極頂・學究天人・東西洋之科學・數學・心理學・催眠學等・無一不精・復研究吾國奇術・研究六壬學・歷二十年・經許多困難・豁然貫通・恐壬學失傳・故著此書・蔣先生學識豐富・人格高尚・雖懷絕技・不肯輕以語人・偶有親友以未來事叩問者・先生一爲占課・無不靈驗・人尊之謂蔣仙人・如有人往遊廣山・問蔣仙人・無有不知者・

▲本書文字明白・編著清楚・▲閱者依法試驗・即能先知・

你若熟讀本書一遍　便是諸葛亮劉伯溫

本書共分六卷（築基篇）（課體篇）（斷法篇通論）（分論）（行軍專論）（占篇法）計十餘萬言・詳細節目・限于篇幅・不克備載・

【價目】共計六卷・洋裝一厚冊　定價四元　特價實收二元　寄費二角

神機妙算先知先覺 六十四卦科學研究 易經占卜靈書

目次

目次

目次

六十四卦科學研究　# 易經占卜靈書　一名易理論

○研究易經之準備知識

△易經與占卜

生活方面發生疑問須觀易經　近來生活困難，人浮于事，失業的人很多；人類不斷的被恐怖和憂慮所侵襲，往往因爲對于自己的運命不知明日如何，以致發生煩惱。我們若是懷中無錢，失去職業，心中時常憂慮；那末在這個時候，必定要發生「我的命運到底是怎樣呢？這種不好的命運，是繼續不改換呢？還是可以改換呢？」的思想。

其實人類在陷于不幸的命運的時候，在一方面，固然惱恨自己的不好的命運，直到現在，還沒有改換；在另一方面，又希望明日的運命，可以改換；「易」的解釋，就是改換；易經這部書，就是指示改換運命之事理的；人若遭逢不幸的運命，便能依着易經，得着安慰了。

現今的世事，非常繁複，很能使人類在思想和生活方面，發生許多疑難的問題；人類的神經，極端的受着環境的威脅；然而現代的人，因爲不明易理，往往以爲改換命運的事情，是一種不可思議的心的現象；所以聽了改換命運的話，便要懷疑；甚至把它當作迷信的事情，而加以反對。「究竟命運可以改換嗎？」這却是現今時代人類的一個不可思議的大問題了。本書用科學的方法，說明易經的道理；解釋易經的言語，也是力求簡明，使現今時代的知識階級，全能明白。

欲知將來命運如何須觀易經　易經是議論人類吉凶禍福大道理的書，有不可思議之力，能把人類現在的命運提拔到較高的地位；世人若把易經所說的道理，研究到十分精通，便有不可思議的預言自己命運的能力了。我們若用現今時代科學的方法，研究易經，便可知道改換命運的事，並非迷信之談了。現今時代的知識階級上的人們，往往崇拜科學，而以爲易經所說的話，多是迷信之談；其實易經所說的道理，全和科學的原理相同；我們依據科學的原理，把易經研究精通之後，便能依據易經的道理，判斷自身的後來之事了。

歐美的文明國人也有占卜的事情　非但中國人和日本人，有占卜的事情；就是歐美各國的文明人，也有與此相同之事。人類對于自己的境況，遭遇疑惑，困難，危險等事情的時候，非但自己要使用簡單的占卜方法，並且還要請以占卜爲職業的專家用精密的占卜方法，斷定吉凶禍福；這種事情，不論古今東西，全是常有的。西洋人往往要竪一根木棒在地上，依着該棒傾倒之方，決定自己應當進行的方向；除此之外，又有轉錢，擲骰子等各種占卜的方法。從前托來斯海峽的居民，有用頭顱上的骸骨占卜的事情；這種事情也和中國的龜卜，日本的鹿骨卜等方法相同。又有若干西洋人，以爲死人的靈魂和神靈等，對于人類全能給與特別的宣示；所以用人類的心臟，豚的肝臟，別種動物的內臟，做占卜的事情；歐美的古書中間，往往記載着這種事情。又在現今時代，美國鄉間的人，每逢行祭禮的日子，便有一種女占卜師，用占卜的方法，替別人判斷運命。印度人裏，也有一種占卜師，常到航行至太平洋上的輪船裏，替船上的客人占卜那種占卜的方法，是用金屬做成的針，刺被占者的皮膚，取出血來，觀看血色，藉以判斷吉凶。西洋各國流行的星占術，也和中國的相面法相彷；全是觀看人的顏面判斷吉凶禍福的事情。世界上的人類，不論男女老幼，也不論智愚善惡，往往要被不可思議的賣卜人的魔力所牽引，藉着賣卜人的言語，決定自己的運命。像這種情形，到底是人類的共通弱點呢？還是占卜人有不可思議的魔力呢？

總而言之，易經和占卜的事情，不論是否正當，在人類沒有完全消滅之前，總是存在的。

古時之占卜　中國古時的人，在使用筮竹利算木之前，已經用某種原始的方法，做卜筮的事情。現今所說的龜卜之法，在上古時代，已經流行了；夏書上曾經說「官占唯蔽志而命昆元龜」其他，在中國古書上也有許多龜卜的事例。中國的古書上說「夏出洛書，聖人則之」這是說「從洛水裏取出龜來，燒它的甲看龜甲上的裂紋藉以占卜吉凶」。

易經與占卜之區別　普通的人，往往要把易經和占卜，當作相同的；其實易經和占卜，却是有區別的；易經是依着理論判斷吉凶的方法占卜是其他各種卜法的總稱。本書先述易經的原理，繼續說依據易經的占法。在研究易經之前，須要先有三種準備；在準備的時候，須要有三種工具；現在把這三種工具，記述于後。

△研究易經之準備

依據易經之占法及需要之工具　在研究易經的占法之前，必須預備算木和筮竹。只研究易經的原理原則，固然不必預備算木和筮竹；但是，研究易經的占法之人，却必須準備算木和筮竹。現在先說明算木，然後說明筮竹的用法。

算木是每一組有六個。算木用六個的理由，是根據古時易經學者的學說；據古時研究易經的學者說：「陰陽二數和天地人三數相乘得着六數」所以每一組算木要有六個。每一根算木的二面，刻着⚊（陽），其他反對的二面刻着⚋（陰）。⚊是陽，⚋是陰的原則，就是易經原理的根本原則。許多⚊（陽）和⚋（陰）組合起來，便生出許多變化來了。用三根算木，使⚊（陽）⚋（陰）組合起來，便生出八個變化如左：

☰乾（天）　☱兌（澤）　☲離（火）　☳震（雷）

☴巽（風）　☵坎（水）　☶艮（山）　☷坤（地）

這八個變化，名為「純八卦」。易經的占法，就是把這種八卦作為基本，從此發生出來的。使用六根算木，又能發生八個變化如左：

䷀乾（天）　䷹兌（澤）　䷝離（火）　䷲震（雷）

䷸巽（風）　䷜坎（水）　䷳艮（山）　䷁坤（地）

這種八卦，名為「重八卦」。使用刻着⚊（陽）⚋（陰）兩種的算木六根，便能變化出六十四卦來。在易經中間上經有三十卦，下經有三十四卦，共有六十四卦。然而在這六十四卦中間，是有重複的；所以眞實的變化，是上經十八卦，下經十八卦，上下相合共有三十六卦。

筮竹　其次，又有用筮竹占卜的方法；筮竹的數目，普通共有五十根。易經的繫辭傳中曾經說：「大衍之數五十；」所以筮竹之數，要用五十根。用筮竹占卜的時候，是要數筮竹的數目，藉以決定陰陽奇數為一（陽），偶數為- -（陰）。其他決定陰陽變化的事情，也和算木相同；明白這種原理，便可不論用算木或是筮竹，全能占卜。

易經　研究易經占卜的人，須要有易經上下二卷。易經裏的言語，全是古文，很難解釋；所以初學的人，須要用有註解的易經。但是各經學家註解易經的言語，不是完全相同的；初學的人，看見各經學家註解不同，或者要發生疑問；究竟解釋易經，須要依着各人自己的智識和經驗，以為論理的根據；若能依據自己的智識和經驗，解釋易經，便可得着易經的奇妙趣味。

易經的成立時期，大約是在距今三千年之前，根據各經學家的普通學說，便可知道周文王把易經分成六十四卦，加上「彖辭」藉以說明每卦全體的意義；周公又在每卦的各爻（每一卦有六爻，一卦可用六根算木組成；所以每一根算木，和一爻相當）上，做成爻辭，說明各爻的意義。以上兩種文章，卻和法律書裏的條文相仿。除了這兩種之外，又有孔子所做的「易之十翼」；這種文辭，又和法律書裏的附屬法，以及施行細則相仿。「十翼」中間，有「上彖傳」和「下彖傳」（全是解釋「彖辭」的）「上象傳」和「下象傳」（全是說明各爻之意義的）「上繫辭傳」和「下繫辭傳」（全是說明易經的成立，內容，和筮法的）「文言傳」（解釋乾坤二字的意義）「說卦傳」（說明八卦的意義）「序卦傳」（說明六十四卦的順序）「雜卦傳」（說明六十四卦裏二卦對立的理由）等，十篇文章，所以有「十翼」之名。

△簡單之易經占卜法

易經占卜之順序與手續　易經有上下二册，使用算木和筮竹，便能做用易經占卜的事情然而用易經占卜的方法，却有幾十種。雖然只是使用算木或是筮竹；然而從易經占卜所得的意義利理論，却也是很多的。最簡單的易經占卜法，是把五十根筮竹放入手中兩手一邊捧着筮竹（兩拳中空相抱着使成筒狀以便筮竹能在手心裏自由轉動），一邊搖動，使筮竹在手心裏迴轉之後，取出其中的一根，放在桌上。其次，把其餘的四十九根，用兩手無心的分（就是不用眼看任意把它分開）成兩份；先把右手取得的一份放在桌上，又把其餘的一份留在左手裏，每八根一數；依着多餘的數，便可擺出算木如左：

餘數若是一、便得着乾☰天　父
餘數若是二、便得着兌☱澤　少女
餘數若是三、便得着離☲火　中女
餘數若是四、便得着震☳雷　長男
餘數若是五、便得着巽☴風　長女
餘數若是六、便得着坎☵水　中男
餘數若是七、便得着艮☶山　少男
若是沒有餘數、便得着坤☷地　母

現在假定把留在左手裏的筮竹，每八根一數，得着的餘數是七；那末，所得的卦，便是艮（山）☶卦；先用算木三塊，擺出卦形。把這個卦，作爲下卦。其次，再照着前邊的方法，把筮竹五十根，拿在手中搖動之後，取出一根；再把其餘的筮竹，兩手無心的分成兩份，先把右手取得的一份，放在桌子上；次把留在左手裏的一份，每八根一數；餘數若是二，便得着兌（澤）☱卦。這次所得的卦，名為上卦，放在起先所得的下卦之上；到了這個時候，便得着了一個完全的卦；這個卦名，就是「澤山咸」卦。得着此卦之後，便可展開易經的書本，翻出這個「澤山咸」來，觀看其中的文章和註解，判斷吉凶禍福。

在用筮竹和算木的時候，須要用清潔的桌子，桌上放着筆筒，筆筒裏插着筮竹；占卜的人須要齋戒沐浴，焚香誠心，使精神統一；面向南方，口唱占卜的呪文，然後把筮搖動，求占卜的人，也要誠心默念占卜的事情。除此之外，又有複雜的古時占卜式，現在把它省去，待到後來再當詳述。今把易經的澤山咸卦展開，便可看見有左邊的文章。

☱☶（澤山咸）艮下兌上（彖辭）咸亨利貞，娶女吉。

（爻辭：）○初六，咸于其拇○六二，咸于其腓凶居則吉○九三，咸于其股，執其隨往吝。○九四，貞吉悔亡憧憧往來朋爾從思。○九五，咸于其脢无悔○上六，咸于其輔頰舌。

看了這種文章，恐怕不論是什麼人，全能講解的。觀看註釋易經的書籍，又見這種註釋如左：

【彖辭之解】此卦兌澤在上，艮山在下，山氣下降，澤氣上升，山澤之二氣相咸之象，又兌之少女在上，艮之少男在下；在少男之下者，咸于少女；在少女之上者，咸于少男；男女相咸者，莫如少男少女，故名曰咸；咸者感也，皆也，同也；

人得此卦，則有意外之吉事；願望等較他人懇切，必能暢遂其志。

但有色情之煩惱者，及行于遠國者，無往返之意。此卦在下經之首，取象于夫婦之始，成婚姻之道。故彖辭云：娶女吉；卦位由男降下至女，故吉。兌爲悅，艮爲止；夫婦之道，悅而不止，則未免流于淫蕩；止而不悅，則或至失其觀樂；而不淫，此婦道所以重利貞也；陰陽相濟，剛柔相交，咸之卦德，可謂全備。

【爻象之解】此卦通觀六爻，則六爻皆應；咸和通達，元氣渾合。六爻皆靜，故爲凶。初爻在卦之下，其感尚淺，其動尚微，故不係于吉凶。二爻爲腓。腓從足而動。動事雖凶，尚足爲吉。三爻爲股。志在隨人，所執亦賤。故行則言吝。四爻在三陽之中。爲心之位，得貞則吉，否則凶。五爻爲卦主。居于兌中，脊肉之背，不動之處。感而不感。動而不動。故無悔。上爻居于全卦之上，一身之上，發而爲言；然不能以至誠相格，徒以美言取喜。爲感通之薄者。因此六爻之中，所感各有淺深。悔吝吉凶，亦各隨其象而著。

看了右邊的文章，所起的疑問，就是在該爻辭之中。初六、六二、九三、九四、九五、上六等的意味，頗不容易明白。算木六根，每一根有一爻的名稱。算木六根，從下數起，命名如左。

上 ━
五 ━
四 ━
三 ━
二 ━
初 ━

其爻爲陰的時候，陰的代表數字爲六，把六字加在它的上邊；其爻爲陽的時候，陽的代表數字爲九，把九字加在它的上邊。每一爻各有一根算木。

⚊上九　⚊九五　⚊九四　⚊九三　⚊九二　⚊初九

⚋上六　⚋六五　⚋六四　⚋六三　⚋六二　⚋初六

八卦之順序　諸君看了前邊所說的話，或者要發生兩種疑難的問題。

第一種疑難問題，是爲什麽艮爲山，兌爲澤，所說的少女是什麽呢？此等言語，乃是依着左邊所說的八卦上的約束而定的。

乾☰天、父　兌☱澤、少女　離☲火、中女　震☳雷、長男

巽☴風、長女　坎☵水、中男　艮☶山、少男　坤☷地、母

前邊又說數剩餘之數的時候，爲什樣剩餘一根是☰乾爲（天），剩餘二根是☱兌爲澤，剩餘三根是☲離爲火，剩餘四根是☳震爲雷，剩餘五根是

☴巽爲風，剩餘六根是☵坎爲水，剩餘七根是☶艮爲山，剩餘八根是☷坤爲地呢？這種問題，應當解決如左：

中國的朱晦庵曾經有依着八卦成立的順序，而決定的約束；必須依着這種順序而成立的理由，却是沒有的。所以若有別種理由，要變更這種順序的時候，須要規定新的特別的約束。

陰陽　在易經方面，把陰陽作爲天地萬物的本質的兩面；又把陰陽，解釋作天地萬物的作用的兩方面用別種言語來說，就是世中的一切事物，是剛和柔，動和靜，男和女對立的；從動作方面說來，就是動和靜，往和來，從新的言語解釋，就是積極和消極。又把它配成數字，便可解釋如左：

一、三、五、七、九爲陽

二、四、六、八、十為陰

這個天地陰陽兩極的對立，從唯物辯證法論的方面說來，是在易經的方面，把第一主要命題的對立觀念在陽和陰方面表現。易經的陽，就是積極的表徵，可以用算木的⚊表示；陰就是消極的表徵，可以用算木⚋表示。易經的陰陽的表徵，是⚊和⚋；⚊和⚋，是從男女生殖器的表徵來的。從數字的陰性二、四、六、八等的形狀考察起來，也可知道此等形狀，全是表徵女子的生殖器；又在反對方面，所有一、三、五、七、九等文字，也是男人生殖器的表徵。

八卦之理由　為什麼要把乾作為☰父天，把兌作為☱少女澤，把離作為☲中女火，把震作為☳長男雷，把巽作為☴長女風，把坎作為☵中男水，把艮☶作為少男山，把坤☷作為母地呢？這種問題，可以解釋如下：天（乾）為純剛，所以把陽的表徵一重起來，就是☰卦。坤（地）是純陰，所以把⚋重起來，就是☷卦。在易經方面，陰陽二性混合的時候，必定把其性很少的方面，作爲該卦性之所屬。又在反對方面巽爲陰陽相交，在陰的一爻陽的二爻之下，表現出來，所以把這個卦，作爲巽☴長女（風）。一陰的一爻，在二陽之間表現出來的時候，便可把它作爲離☲中女（火）。兌（澤）是陰陽初交二陽之上有一陰初表出來，所以是少女，卽兌☱澤卦。

在反對方面，陰陽相交，一陽初來到二陰之下的時候，便可把它作爲震☳長男（雷）；在中間表現的時候，可以作爲坎☵中男（水）；在一陽二陰之上表現的時候，可以作爲艮☶少男（山）。

筮竹用五十根之理由　筮竹所以要用五十根的理由，根據研究易學的專家之言，便可知道這種理由，是從易經繫辭傳裏的文章來的；那種文章如左：

天一、地二、天三、地四、天五、地六、天七、地八、天九、地十。

天數五，地數五，五位相得，天數二十有五，地數三十；天地之數五十有五，此變化而行于鬼神之所以也。

大衍之數五十，其用四十有九，分而爲二以象兩儀，以一象三，以四揲之，以象四時，以歸奇于扐而象閏，五歲再閏，故再扐而掛(卦)于後。

該傳的前半篇文章如左：

天數，一、三、五、七、九，合之則爲二十五。

地數，二、四、六、八、十，合之則爲三十。

照着這種文章看來，可見合天地之數，得着五十五。大衍之數，却記在後段的文章；中間因爲有「大衍之數五十」的文章，所以生出五數之差。但是，不把大衍之數寫作五十五，却寫作五十，究竟是什麼意義呢？古時的易學家，對于這種道理，却也有種種的學說。古時易經學家陸秉曾經說：「古本易經中間，本來是寫着大衍之數五十五；後世的學者，却因爲錯誤脫去五字。」關于不用五十五而用四十九的理由，古時的姚信，董遇，京房等，也有種種學說；然而此等議論很是繁雜，並且對于筮竹的數目，也不是必要的；這種必須用筮竹四十九根的方法，雖然沒有科學的理由；但是看了本書後段的文字，却也可以明白它的理由；所以在這個地方，却也不必多說了。

算木用六根之理由　這種理由，在前邊算木的條下，已經說過了；從前的易經學家，曾經說：「陰陽之二，乘天地人之三，其數爲六」用三根算木，只能表示八個變化；用六根算木，却能生出六十四個變化；所以不用三根算木，而用六根算木的理由，就是要表示複雜的變化。

○得卦之方法

△占筮之目的

在前章中間，曾經說過最簡單的筮法；從那種筮法之例看來，可見依據這種筮法，大概也可以明白：「以如何之事爲目的」了。這種占筮，是以得卦（卽象）爲目的；若是沒有得着這種卦象，便不能爲易經判斷的前題。因爲這種易經判斷的前提和主體，乃是可爲本體的「象」；得着這個象，才能達到占筮的目的。要得着這個象，雖然有種種方法；然而在前章中間，却已經說過一個簡單的方法了。這種筮法，雖然也可使用筮竹和算木；然而使用筮竹和算木的占筮，却又有比前邊所說的更加複雜的方法。

總而言之，這種得卦的方法（卽得象之法），實在是很多的；不論依着那一種方法，全能得着卦象。

△占筮前之準備

從前中國的聖人，因爲占筮的緣故，要建造占筮用的房室；這種房子，名爲蓍室，朝對南方，中央間放着案桌，占筮的人，須要在案桌前邊，朝北立正，然後占筮。現今的人，雖然不能建造專爲占筮之用的房屋，却也當選取寂靜清潔的房室，焚香點燭，誠心占筮。

精神之統一　占筮的人（就是判斷的人），在占筮之前，須要使身心清靜，摒去雜念，入力于臍下丹田，進入純一無我之境；然後一邊誠心禱告，一邊做占筮判斷的事情。受判斷的人也要誠心禱告，專門想着求判斷的事情；以期和占筮人的精神合而爲一。這種精神統一的事情，在理論方面究竟是否爲必要的事情，却是另一問題。這種統一精神的事情，雖然不能用科學的方法把它說明；然而統一精神之事，却有使心思轉換的意義。

最近的時候，英國的某文學家，曾經做一部小說，描寫英國最新式超弩級戰鬥艦上某辦事員所做的一日間的日記；該日記中，曾經說：「該艦上的全體辦事員，每日早晨須要一仝聚集在甲板上，隨着艦上的牧師，一仝祈禱；」這種事情，實在是不可思議的。現今英國的海軍，是很精銳的超弩級戰鬥艦，又能表現現代機械的文明，達到極點；然而該艦上辦事的人却要每日早晨祈禱上帝。究竟這種事情，無非是要使精神統一而已。照着這種事實看來，可見使精神統一之事，並不是沒有意味的事情了。所以用易經占卜的人，相信這種道理而使精神統一，固然是很好的；就是不相信這種道理，不做這種事情，却也未爲不可。

現代之易經占卜　賣卜的人，須要常使精神統一；若不常使精神統一；那末用占筮法所得的判斷，便要不靈；所以賣卜的人，須要繼續着每日使精神統一。

易經占卜之七種禁忌　（一）奸淫、强盜、不忠、不孝，及其他不正之事，不可占卜。自己想要佔別人便宜的事情，不可占卜。易經上曾經說：「易爲君子謀，不爲小人謀」；所以占卜爲非做惡的事情，是不相宜的；占卜的人（卽判斷者）須要把這種道理，對受判斷的人說明，以免占卜不靈。

（二）占卜毫無疑義的事實，是不靈驗的所以請求占卜的人（卽受判斷者）須要把自己疑惑的事情，請求占卜。

（三）受着別人的請求，做占卜事情的人，須要有看破請求占卜者的眼力和洞察力。若是請求占卜者的心中，並沒有需要占卜的事情；那末，占卜便不靈了。

（四）不可只用一卦占卜：身體上的判斷、疾病、問事等，兩三種事情。須要以一卦占卜一事爲原則。

（五）不可把同一的事情，再三占卜。所以易經的文章裏，有「再三瀆，瀆則不告」的言語。

（六）自己不來請求占卜，却教別人來代替請求；那末占卜便不靈驗了。

（七）占卜的人，若不詳知需要占卜的事情的眞相；那末對于所占卜的事情，便不能判斷了。

△用筮竹與算木之占筮法

五十筮說　在易經繫辭傳裏，有「大衍之數五十，其用四十九」的文章；若把這種文章作爲根據；那末用五十根筮竹的道理，便可以明白了。占筮的方法，可分三種如左：

本筮法（十八變法，三十六變法）　中筮法（六變法）　略筮法（三變法）

現在把這三種筮法，依次解說如左：

甲本筮法（十八變法） 如前所述，在易經的繫辭傳裏，有「大衍之數五十」的文章；所以普通的筮法，是要用筮竹五十根。把這五十根筮竹，依着前邊所說的方法，放入手中，一邊心裏禱告，一邊把筮竹迴轉；把其中的一根，加以「太極」之名，從手裏取出來，放在別的桌上；在實際方面，供占筮之用的，却只有四十九根。把這四十九根筮竹，放入兩手中間，搖動之後，無我無心的把這四十九根筮竹分成兩份。這兩份就是象徵陰陽兩儀。又在兩份筮竹中間，把左手的一份作爲天，把右手的一份作爲地；先把右手中間的筮竹，放在桌上；從其中取出一根，挾在左手的小指和無名指中間。這種事情，名爲「架扐」。把這一根筮竹，作爲人的象徵；從這個象徵便可生出天地人三才來。其次，把左手裏的筮竹，每四根一數；所以每四根一數的理由，是因爲把根筮竹象徵春夏秋冬四季的緣故。（前章所說的每八根一數的理由，也和這種道理相彷。）

照着這樣數剩的數目，當然是一或是二，或是三或是四。（雖然可以照着除法的規則計算；但是，用四除盡的數目，只可作爲四，不可作爲零）在這個時候，把這種數剩的筮竹，和起先挾在小指無名指中間的一根扐放在一處；這個是「潤」的象徵。這個時代的歷法，是五年潤兩回，因爲這個緣故，所以把起先放在桌上的筮竹，拿在右手裏，也是每四根一數；把數剩的筮竹，加入左手挾着的筮竹裏。這種方法，名爲「歸于扐」；這種「歸于扐」的筮竹數目，必然是五或是九。（以上的事情，名爲第一變）從四十九根筮竹裏，減去五或是九根筮竹；對于剩餘的四十根，或是四十四根，再反復着用上邊所說的變法；那末第一回所得的蓍竹之數，必然是四或是八。（以上的事情，名爲第二變）把第一變時候的餘數，和第二變時候的餘數加起來，得着某數；某數又從四十九裏減去某數。對于剩餘的數，仍舊反復着用相同的手續；那末，這個時候的餘數，必然是四或是八。（以上的事情，名爲第三變）于是從四十九裏減去三變的餘數；更把這種減剩的餘數，用四除它，所得的結果，必然是六或是七，或是八，或是九（卽四之六倍、七倍、八倍、或是九倍）。然而它的結果，是四之六倍的時候，名爲「少陰」；八倍的時候，名爲「老陰」；七倍的時候，名爲「少陽」；九倍的時候，名爲「老陽」。到了這個時候，方才生出第一爻來。依着這種結果，便可安置六根算木裏的最下的爻。這個時候，若是少陽，或是老陽；那末，最下的一根算木爲陽；若是少陰或是老陰，那末，最下的算木是陰。若用簡括的言語說明上邊的方法；那末，三變之後，必然生出一爻來；若欲生成一個卦（象），必須有六爻所以它的結果，要有三六十八變。因爲這個緣故，所以這種占筮，名爲十八變法。這時所得的卦，名爲本卦。（遇卦）在這種本卦（遇卦）中間，有老陰變陽，老陽變陰的必然性。依着這種理論，便能使本卦裏的老陰老陽發生變化；這種發生出來的卦，名爲「之卦。」所說的「之」字，就是有本卦變形的意義。到了這個時候，判斷的人，方才得着完全的卦；把這個本卦作爲中心，又把六爻分成上下兩份，然後考察它的上下關係；占筮的人，又當對于六爻裏各爻的文字，各爻間的關係，用各種方法加以深思熟慮，然後做論理的判斷；這種判斷方法，名爲「象之判斷論」關于這種判斷論，須要待到下一章，再當詳細記述，在這個地方，卻是把它省略了，以免重複。

乙三十六變法　日本的明治年間，日本的易經學家根本通明，曾經在嘉永二年間發表：「十八變法之卦，爲三變小成之卦，而非本來正當之卦。不論如何，均應爲六變大成之卦」的議論；根據這種議論，便可知道所得的一個爻，有六種變化所得的六爻，有六六三十六種變化；依據這種變化，便可建立三十六變的筮法。這種筮法，和前邊已經說過的本筮之法，所用的手續，是大同小異的；但是得着一個爻之後，在本筮方面，只有三變；在這種筮法方面，却有六變。欲知這種方法的詳細情形，須要觀察根本通明所著作的周易復古筮法。

丙中筮，（六變法）　本筮法（即十八變法）乃是理想的筮法；現今時代的世人，是很忙的；在實際方面，若要把許多筮竹迴轉三十六回，却是不可能的事情；就是賣卜的人，卻也不容易把這種方法做到。所以除了這種十八變法之外，又有六變法（即中筮法）。中筮法雖然就是六變法，然而也有種種的方法；此等方法，也和十八變筮法相仿。但是，這種變化的囘數，卻只有六變。其餘的事情也和本筮法相同。占筮的人，把四十九根筮竹，取在手中，分成兩份；把右手裏的筮竹安置在桌上；用八除左手裏的筮竹之數，再觀察剩餘之數。

餘一爲乾☰，餘二爲兌☱，餘三爲離☲，餘四爲震☳，餘五爲巽☴，餘六爲坎☵，餘七爲艮☶，餘八爲坤☷；依着右邊所說的六變法，便能得着一卦。現在把它的例，表示如左：

囘數		餘數
6	☳	4
5	☰	1
4	☲	3
3	☷	8
2	☴	5
1	☵	6

本卦（遇卦）

⚊ □⚊ ⚋ ×⚋ ⚋ ⚊ 風雷益

之卦（變卦賁）

⚊ ⚋ ⚋ ⚊ ⚋ ⚊ 山火賁

這是世間普通流行的略式中筮法；其餘又有本式中筮法（九變法），然而不很重要，又和別種筮法相彷，所以現在把它省略了。

前邊所說的方法，乃是六變之法；比較本筮的十八變法，可以節省三分之一的時候。若欲更加減少占卜的時候；那末用略筮法最爲合宜；因爲略筮法只有三變，占卜所需的時候很少；所以用這種筮法，確有節省時間的利益。

現在把略筮法記述如左：

丁、略筮法(三變法) 這種方法，是比中筮法更加簡便之法；依據最初的兩個變化，得着本卦的上下兩卦(內外兩卦，就是把六根算木分作兩份把上邊的三根作爲上卦，又稱外卦；把下邊的三根作爲下卦，又稱內卦。) 依據其餘的一變，得着之卦。現在把此法的詳細情形，記述如左：

得本卦之法 把筮竹四十九根，分作兩份，藉以象徵天地陰陽的兩儀。把右邊的筮竹放在桌上；從左手的筮竹裏取出一根，挾在左手的無名指和小指中間，藉以象徵天地人三才。其次，用右手把左手所拿的筮竹，每回取八根；取過若干回之後，再看餘數是多少；把左手無名指和小指中間所挾的一根，加在這個餘數裏；依據這個數，便可立卦。

餘一根是乾☰卦(天) 餘二根是兌☱卦(澤)

餘三根是離☲卦(火)　　餘四根是震☳卦(雷)

餘五根是巽☴卦(風)　　餘六根是坎☵卦(水)

餘七根是艮☶卦(山)　　餘八根是坤☷卦(地)

這就是天澤雷火水風山地八象。最初所得的卦，名爲內卦，把它安置在下邊；再照着前邊所說的方法，把筮竹分開數得的卦，名爲外卦，把它安置在上邊；到了這個時候，方才擺成了重卦六爻的一卦。照着這樣，便能現出六十四卦裏的一卦。例如：起初剩餘一根是乾，把它放在下邊；其次剩餘六根是坎，把它放在上邊。上下相合，便成了䷄水天需卦。又如：最初剩餘筮竹二根，其次剩餘五根，便成了䷼風澤中孚之卦。到了這個時候，便得着本卦了。其次，再把得着變卦(卽之卦)的方法，記述如左：

得變卦(卽之卦)之法　照着這樣，得卦之後，再當觀察爻變。這種筮法，雖然和前邊所說的相彷；但是數筮竹得前卦的時候，是要每八根一數；因爲在變爻的時候，共有六爻；所以要每六根一數，藉以得着餘數。剩餘一根是初爻變，剩餘二根是二爻變，倘若數到最後的時候，是六根滿數，便可看作上爻變。現在應當注意的事情，是最下的爻爲爻初，最上的(卽第六根筮竹)爻爲上爻；到了這個時候，方才可以決定某卦某爻變，建立相當的卦。

投算法　這種方法，是不用筮竹，只拋擲六根算木，觀察六爻的變化，藉以作卦的方法；此法僅擲算木一回，便能作成變卦，所以比數筮竹的方法，較爲簡便。

百筮說　照着通例，依據「大衍之數五十」的文章，所以有五十筮說。

但是，易經學家，又有「四十五筮」的學說。

從前邊所說的事實考察起來，不論是五十筮說，百筮說，或是四十五筮說，全沒有科學上的根據。所有稱道百筮說，或是採取五十筮說的人，全是從易經的文章裏附會而來的；總而言之，我們近代的人，對于此等附會之說，並非必要之事。現今世上賣卜的人，多是用五十筮說占筮的。這種占筮，可分爲略筮，中筮本筮三種。前邊所記述的，全是用筮竹占筮的方法；然而又有若干易經學家，却有「不用筮竹」的議論。現在把幾種不用筮竹的筮法，記述于後。

△不用筮竹之占筮法

（一）擲錢法　這種方法，所需要的時間很少；用這種筮法，所得的結果，和十八變法的本筮相彷；此法用錢代替筮竹，所以名爲擲錢法。現在依據王洪緒所著作的卜筮正宗，把擲錢法的大略，記述如左：

取錢三枚，注意拋擲的時候，便可得着下邊的幾種變化。

面 面 面	三面……老陰……✕
背 背 背	三背……老陽……□
背 背 面	兩背一面……小陰……⚋
面 面 背	二面一背……小陽……⚊

例如：第一回是⚋，第二回是⚊，第三回是✕的時候，把這三個結連，便成了☵。所以下卦是坎卦。這就是內卦。其次，再把三文錢投擲三回；倘若第一回是⚋，第二回也是⚋，第三回是✕；那末連結起來，便成了☷。因爲這個緣故，所

以上卦是坤。這個名爲外卦。所以本卦是䷆，也就是地水師卦。第六爻的Ｘ，和第三爻的Ｘ，全是老陰，所以變卦是這兩爻變陽，之卦是䷑，也就是蠱卦。又在老陽（卽⊟）的時候，却是和這個反對陽爻變成陰爻。

這種擲錢法手續很是簡單，老少陰陽全現在畫面上；就是把它作爲合于理想的筮法；但是，這種方法未免過于簡單，頗難使愚人相信；所以普通賣卜的人，多是不用這種方法的。

（二）圓著筮法　圓著筮法，是用十八枚小圓紙（或是木）片，求卦的筮法。占筮用的圓紙（或是木）片，名爲圓著；這種圓著是用厚紙或是木塊做成的小圓片；占筮的人，要用這種小圓片十八枚，寫着像左邊所畫的記號。表面是赤色爲（陽），裏面是青色爲（陰）。

表赤色(陽)　　裏青色(陰)

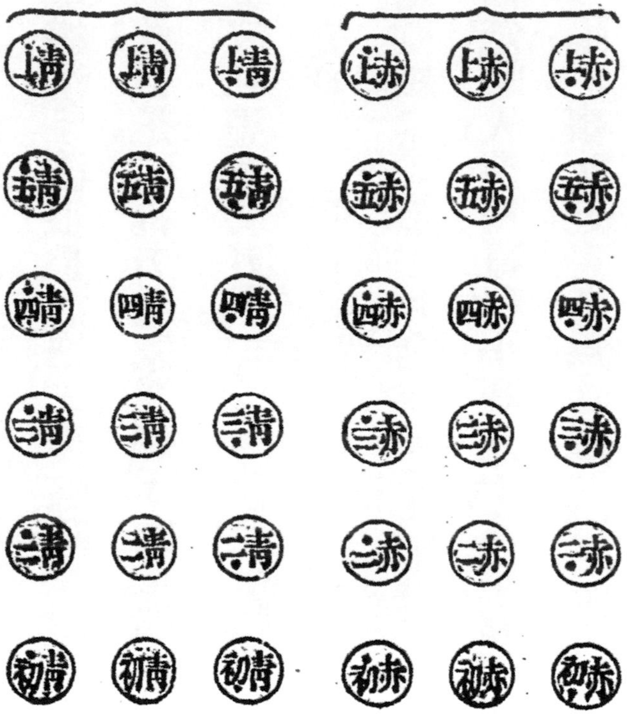

把右邊所記的十八枚小圓片，放入兩手之中，搖動之後，從手裏擲在桌上擺好；把上、五、四、三、二、初的種類，依着左邊所記的順序，每三個聚集在一處。

一、把字上有・印的放在左端。
一、把有字無印的放在中央。
一、把字下有・印的放在右端。
放好之後，各組便能表示如左的變化。

（赤）（青）（青）……☳震（長男）少陽⚊

（青）（青）（青）……☷坤（母）老陰⚋

（赤）（赤）（赤）……☰乾（父）老陽⚊

（赤）（青）（赤）……☲離（中女）少陰⚋

青　赤　青
坎（中男）少陽 ⚊

赤　赤　青
兌（少女）少陰 ⚋

青　赤　赤
巽（長女）少陰 ⚋

青　青　赤
艮（少男）少陽 ⚊

依據上邊的少陽、少陰、老陽、老陰、得着陰陽；從初爻起，逐漸安置六爻，作成一卦。例如：依着上邊的方法，得着

青　青　赤
青　青　赤
青　赤　赤
赤　赤　青
赤　赤　青
青　青　青

便可作卦。

因爲

☶ 少男　☶ 少男　☴ 長女　☱ 少女　☱ 少女　☷ 母（老陰）

所以得卦如下：䷓ 風地觀

求變卦的方法，仍舊和本筮法中筮法相同；使老陰，老陽，發生反對變化，便可求得變卦；照着上邊的情形，是要把初爻的老陰變成老陽，所以之卦是䷩益。在這個時候，之卦便成了「觀之益。」但是，倘着六爻裏沒有老陽老陰的時候，便沒有變卦。

（三）數年月日時而建立占卜之法　數年月日時而建立占卜的方法，雖然可以隨意使用太陽曆或是太陰曆；但是須要預先規定，不可臨時亂用。

因爲這個緣故，所以不可起先使用太陽曆中間却改用太陰曆。使用陰曆和陽曆，方法雖然相同；但是用陽曆立卦的方法，較爲便利；現在把用陽曆立卦的方法，記述如左：

依據陽曆之方法（本卦之取法）　今舉依據陽曆之一例如下：例如占卜的時候，是子年七月二十一日午後九時；那末子年是子數，子數是一，把它作爲一；七月的數目是第七，把它作爲七；又把二十一日作爲二十一；一、七、二十一相加的時候，其和是二十九。用八除這個二十九的時候，得着商數三，餘數五。把這個餘數五，作爲第五；第五在八卦裏邊，第五卦是巽，把這個巽，作爲下卦。

得上卦的方法，是要先把年月日的數目加起來；例如子年（其數爲一）七月二十一日午後九時；年月日三個數目總計是二十九。這個午後九時，從午前一時數起，就是第二十一時；在前邊年月日合計數二十九裏，再加這個二十一，其和是五十。用八除這個五十，得着商數六，餘數二。把這個餘數二，作爲第二；二在八卦裏第二卦是兌所以下卦是(巽)風☴，上卦是(兌)澤☱，重卦是澤風大過䷛。這個重卦，也就是本卦。

建立之卦之法　已經把上卦下卦立好之後，便可把之卦建立出來。把年月日時的數目加起來，其和是五十；用六除五十，得着商數八，餘數二。這個名爲二爻變。本卦是澤風大過，所以這個二爻變是澤山咸䷞。

(四)用算盤立卦之法(算盤定數法)　把前邊所說的年月日時之數，在算盤上計算，也是很好的方法。又法占筮的人，可以先任意在算盤上安置一個數目，用八除它，得着餘數，作成下卦。其次，仍舊任意在算盤上另置一數，用八除它，得着餘數，作成上卦。把上下兩卦重疊起來，便得着本卦。得着動爻的方法，也要先在算盤上任意置數；用六除它，得着餘數，作成之卦的動爻；變化本卦的動爻，便可作成之卦。

（五）用手立占之法（梅花心易指掌法）

本卦之取法

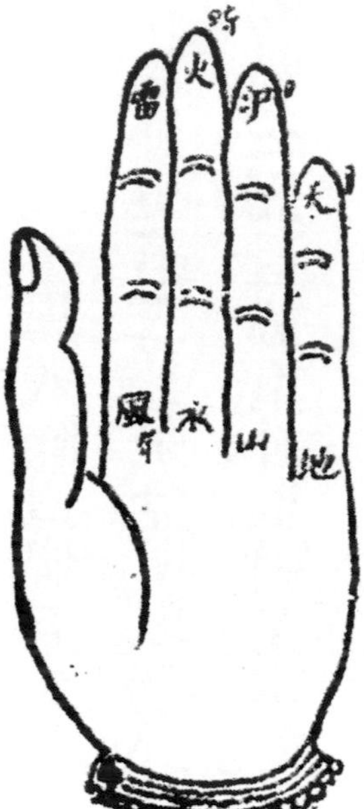

依着上邊的圖，在左手五指之中，除去拇指不算，只用四個手指，配成天澤火雷風水山地輪指計算，便可立卦。把小指的上邊作爲天，無名指的上邊作爲澤，中指的上邊作爲火，食指的上邊作爲雷，食指的下邊作爲風，中指的下邊作爲水，無名指的下邊作爲山，小指的下邊作爲地。先從小指上的天數起，數到小指下的地爲止。這就是八卦的乾一、兌二、離三、震四、巽五、坎六、艮七、坤八。立卦的方法如下：例如占卜的時候，是辰年十二月十七日申時；那末先用年月日定止卦。就是把小指上的天作爲子，從此數起，子在天上，丑在澤上，寅在火上，卯在雷上，辰在風上。因爲是辰年，所以數到食指下邊辰在風上爲止。把年數完之後，繼續着數月。辰年在風上，其次是水，作爲正月，正月在水，二月在山，三月在地……數到十二月，卻在小指的天上。把月數完之後，要繼續着數日十二月在天上，其次是澤；一日在澤，二日在火，三日在雷…數到十七日卻在無名指的澤上。這個澤就是上卦。其次，再用時作下卦；現在所用的時，卻是中時。澤的次位是火，所以從火數起；子在火上，丑在雷上，寅在風上，卯在水上，辰在山上，巳在地上，午在天上，未在澤上，申在火上。這個火就是下卦。把上下兩卦重起來，就得着本卦。上卦澤，下卦火，所以本卦是澤火革。

變卦之取法

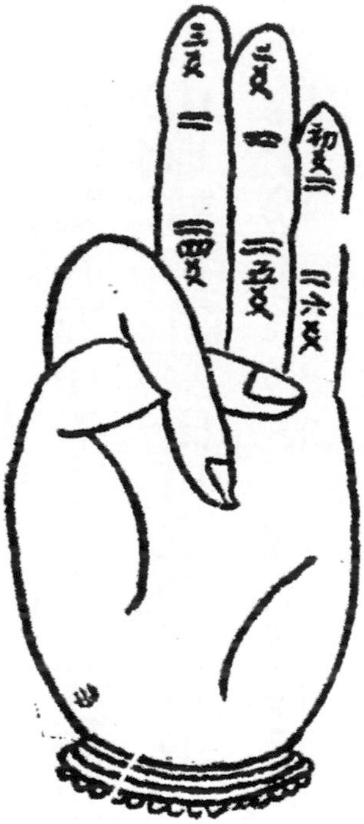

動爻的取法，是除去拇指食指不算，把小指，無名指，中指，三個手指，作爲六爻，而造成變爻。把小指的上邊，作爲初爻；無名指的上邊，作爲二爻；中指的上邊，作爲三爻；中指的下邊，作爲四爻；無名指的下邊，作爲五爻；小指的下邊，作爲六爻。把年月日時之數，從小指的上邊初爻數起。把小指上邊的初爻作爲子，從此數起；子在初爻，丑在二爻，寅在三爻……數到辰，卻在無名指下邊五爻上。次把小指的下邊六爻作爲正月，從此數起；正月在六爻，二月在初爻，三月在二爻……數到十二月，卻在無名指下邊五爻上。又把小指下邊六爻作爲一日從此數起；一日在六爻，二日在初爻，三日在二爻……數到十七日，卻在中指下邊四爻上。後把無名指的下邊五爻作爲子，從此數起；子在五爻，丑在六爻，寅在初爻……數到申，卻在小指上邊初爻上。這個名爲變爻。驛火革的初爻本來是陽爻；把這個陽爻變成陰爻之後，便成了澤山咸卦。照着這樣，只用手指計算，莫不用筮竹算木八除六除等法，頗爲簡便易行，不論在旅行，或是家居的時候，全可應用。

（六）用尺占筮之法　取尺一根，便可占筮；求占筮的人，任意在尺上指定一處，把該處所表示的寸數作爲上卦，分數作爲下卦。次把占筮時候的時數加入寸數和分數的總數之內，用六除它，便可得着動爻。

（七）數物占筮之法　數室中物品的數目，便能占筮。數室中的物品，一、二、三、四……完全數清之後，便可定卦；一數是乾，二數是兌，三數是離……八數是坤。比八多的時候，用八除它，把餘數作成上卦；次把占筮的時刻，加入前邊所記物件的個數之內，用八除它，得着餘數，便可作成下卦。後把物數和時數的總數用六除它，得着餘數，便可作成動爻。

（八）數音占筮之法　這種方法，是數人物的聲音（例如：人聲、鳥鳴、犬吠、鐘聲、梆聲等，）便能占筮之法；因爲這種占筮法的道理，是和前邊相同的，所以現在把它省略了。

（九）數文字筆劃之占筮法　占筮的人，取一本書，用手任意展開，把該頁裏文字的行數，適宜的分成兩部份；把前一部份的字數，作成上卦；後一部份的字數，用八除它，作成下卦；把前一部份和後一部份字數的總數加起來，用六除它，便可作成動爻。又法，數一個字的筆劃，也可占筮；先把該字的偏旁，帽子等的劃數，作成上卦；次把其餘的劃數，作成下卦；後用六除全體的劃數，便可作成動爻。又法，把該字的劃數分爲兩份，作成上卦和下卦；用六除該字全體的劃數，便可得着動爻。倘若該字的筆劃是奇數；那末少一劃的一面是上卦，多一劃的一面是下卦。用六除該字全體的筆劃，便可得着動爻。用兩個字的占筮法，是把第一個字的劃數，作成上卦；把第二個字的劃數，作成下卦。用六除兩個字筆劃的總數，得着餘數，便可作成動爻。用三個字的占筮法，是把第一字的劃數，作成上卦；第二字的劃數，作成下卦；用六除三個字筆劃的總數，得着餘數，便可作成動爻。

（十）閉目指字之占筮法　先在紙上寫着一、二、三、四……五十等數字；然後閉着眼睛，用右手隨意指定一個數字，用該數作成上卦；其次，再閉着眼睛，隨意指定一個數字，用該數作成下卦；其後又閉着眼睛，隨意指定一個數字，用該數作成動爻。

（十一）觀路上行人之占筮法　這種方法，是觀察路上行人的占筮法。倘若路上遇見老男人，便可作爲乾卦，遇見老婦是坤，男孩是艮，女孩是兌，中年男子是震，中年女子是巽，少年女子是離，少年男子是坎。

（十二）辨別音色之占筮法　把雷音當作震，風聲當作巽，雨和流水的聲音當作坎，把鼓和木板的聲音當作巽，把鑼、鈴、鎗砲等，一切從金屬物品發出來的聲音當作乾，便可定卦。

（十三）觀察天象之占筮法　觀察風雲的氣色，數星辰的數目，也可藉以定卦。這種方法，和前邊所說的數物，聆音等法相仿；易經上曾經說：「精神所至金石爲開」所以占筮的人，不論用那一種方法，只要心誠，便見靈驗；在科學方面，卻可說：心誠則靈，全是精神的作用，並非不可思議的事情。前邊所說的各種方法，從前的易經學家，把它當作祕傳家學，是不肯輕易傳授給外人的；著者費了多年的工夫，蒐羅各種祕法，才能編成本書，供獻給喜歡研究易學的諸君；望諸君神而明之，藉以成爲先知先覺之人！

○易經占筮之判斷材料

照着前章所說的方法，便能在易經六十四卦裏得着一卦。得着一卦之後，又當依據一定的標準，把該卦的要素分解，綜合，加以判斷。本章所說的，就是這個要素的分解法，和區別各要素的標準；次章再把採取要素和標準的方法，解釋出來，藉以說明「判斷論」。本章所說的是「要素論」（材料論），次章又可稱爲「判斷方法論」。

一、易、周易、三易　「易」字本來在書寫的時候，應當在日下寫一個月字；

它的意味，就是說宇宙變化的事情又從蜥易的易字方面看來因爲蜥易一日變色十二囘，所以有這種名稱可見這個易字，也是有變化的意味了。所以有許多易經學家，又把易經稱爲變易。三易是夏時的連山易，殷時的歸藏易，周時的周易總名三易；但是連山和歸藏兩種易經，久已失傳只有周易却能流傳到現代。周易的周字，非但有周朝的意味，並且有「周佈于宇宙之道」的意味。

一、著情　占筮的人（卽判斷者），在占筮的時候，須要考慮：事、身、位、時、勢，五項情形；同是一卦，然而依着求占筮的人（卽受判斷者）時，位置，事件，和勢等，解釋各不相同。

一、陰陽　易經的原理，是以陰陽爲根本。在易經裏邊，常用⚋表示陰，用一表示陽。

一、消息　陰漸衰，陽漸長，名爲「息」；陰漸長，陽漸衰，名爲「消」。這種消息的最顯著之例，名爲十二消息卦，就是十二個月的卦。陰歷十一月一陽始生于下，成爲地雷復䷗卦；十二月生長二陽，成爲地澤臨䷒卦；正月生長三陽，成爲地天泰䷊卦；二月生長四陽，成爲雷天大壯䷡卦；三月生長五陽，成爲澤天夬䷪卦；四月爲純陽之卦，就是乾爲天卦。以上的六卦，就是息卦。其次，到了陰歷五月，一陰初生于下，成爲天風姤䷫卦；六月是天山豚䷠卦，七月天地否䷋卦，八月風地觀䷓卦，九月山地剝䷖卦，十月爲純陰之卦，就是坤爲地䷁卦。以上六卦，名爲消卦。

陰陽的消息，不單是以右邊所說的十二卦爲限；在一切的卦裏，凡是陽漸長，陰漸衰的卦，全叫做息卦；陰漸長，陽漸衰的卦，全叫做消卦。

一、卦　爻　每一個陰⚋或是陽⚊，叫做爻；六個陰或陽的爻，組合起來，便成了卦。例如：䷹（兌爲澤）卦，是四個陽爻，兩個陰爻，組合而成的。這個名爲大成之卦，又名重卦。除此之外，又有小成之卦，名爲單卦。這種單卦，是從三個陰或陽爻組合而成的；例如：☲（離）卦，是兩個陽爻一個陰爻組合而成的；☶（艮）卦，是一個陽爻兩個陰爻組合而成的。這種單卦，又名純卦，純卦只有八個。現在把八個純卦，列奉如左：

☰乾　☱兌　☲離　☳震

☴巽　☵坎　☶艮　☷坤

重卦是以純卦爲基礎；每兩個純卦，組合起來，便成了一個重卦；純卦雖然只有八個，重卦却有六十四個。

一八卦　把八卦分配各種事物，便可作爲解釋的材料；然而解釋八卦的主要材料，却是對于自然現象，家族，方位，四季等的配置；現在把配置此等材料的方法，列舉如左：

☰乾	天	父	西北	—	晚	八—十二	四、九
☱兌	澤	少女	西	秋	午後	六—八	四、九
☲離	火	中女	南	夏	晝	十二—二	七、二
☳震	雷	長男	東	春	朝	六—八	三、八
☴巽	風	長女	東南	—	朝	八—十二	三、八
☵坎	水	中男	北	冬	夜	十二—二	一、六

☶艮　山　少男　東北　一　夜　二——六　五、十

☷坤　地　母　西南　一　晝　二——六　五、十

其他，又可把八卦分配色、音、人體、萬物、五行、十干、十二支等，而加以解釋，本章專重普通的解釋；所以只把此表舉出來；至于詳細的各卦分配的方法，待到後邊，再當詳述。

一、逆數　易經上所說的逆數，就是從下數起的事情；例如：艮下兌上的話，就是先說下邊的卦，後說上邊的卦。然而稱呼卦名的時候，卻是從上開始；例如：對于☱☶，卻是從上呼到下方，稱爲「澤山咸」；除此之外，其餘的計算和順序，全是從下數起；例如：

六 ▬▬
五 ▬▬
四 ▬▬
三 ▬▬
二 ▬▬
初 ▬▬

一、六　九　在易經方面，是用偶數六，代表陰的事情，用奇數九，代表陽的

事情。稱呼六爻的各項的時候，把六附加在陰爻上，把九附加在陽爻上。例如：

上九 ━━
九五 ━━
九四 ━━
九三 ━━
九二 ━━
初九 ━━

上六 ━ ━
六五 ━ ━
六四 ━ ━
六三 ━ ━
六二 ━ ━
初六 ━ ━

這種陰六陽九的稱呼方法，是書寫在易經的象辭（爻辭）上邊的。不明白初六，九五等記號的意義，便不能解釋易經的象辭；所以研究易經占卜的人，必須把這種事情記好。

一、上卦　下卦　把一卦分成兩部分，稱爲上卦，下卦。例如：

上卦 ☳ 震上
下卦 ☲ 離下

一、內卦　外卦　下卦又名內卦，上卦又名外卦。例如：

外卦 ☵ 坎上
內卦 ☳ 震下

一、天　地　人　把一卦分成三份，把上邊的二爻當作天，中間的二爻當作人，下邊的二爻當作地。例如：

天 ⚏
地 ⚏
人 ⚌

一、爻位　一卦的六爻裏，陰爻在陰位，陽爻在陽位，方才是「正」，若不如此，便是不在其位，叫做「不正」。例如：

⚋陰
⚊陽
⚋陰
⚊陽
⚋陰
⚊陽

就是 五爻 三爻 一爻 是陽，六爻 四爻 二爻 是陰 的時候為正。

五爻 三爻 一爻 是陰，六爻 四爻 二爻 是陽 的時候為不正。

一、中爻　把六爻中間的二爻，作為下卦的中爻，五爻作為上卦的中爻。二爻為陰，五爻為陽的時候，二和五兩個中爻全是正的；二爻為陽，五爻為陰的時候，二和五兩個中爻全是不正的。又有下卦的中爻為正，上卦的中爻不正的時候；並且有上卦的中爻為正，下卦的中爻不正的事情。

中☵正 ｝
中☲正 ｝

中☲不正 ｝
中☵不正 ｝

中☵正 ｝
中☵不正 ｝

中☲不正 ｝
中☲正 ｝

一、應爻　在一卦的六爻中間，初和四相應，二和五相應，三和上相應，名爲應爻。這就是下卦的第一爻和上卦的第四爻相應，下卦的第二爻和上卦的第五爻相應，下卦的第三爻和上卦的第六爻相應。

一、正應　不應　二和五，三和六，一和四各爻互相對照，雙方全在正位，名爲正應；例如二和五兩爻對應，倘若二爻爲陰五爻爲陽；那末二和五兩爻，便是「正應」倘若二和五兩爻中間有一爻不得位，或是雙方全不得位；那末，二和五兩爻，便是「不應」。此等正應不應，以及下邊所說的比，全是易經判斷的重要材料。

一、比　一爻和二爻相比，二爻和三爻相比，三爻和四爻相比，四爻和五爻相比，五爻和六爻相比，相比相隣的二爻，叫做「比」。

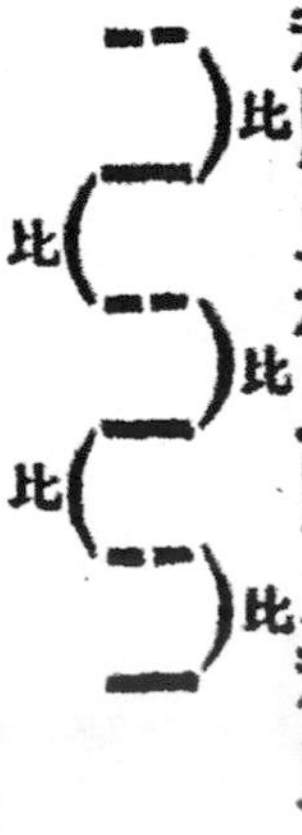

一、承 乘 陽爻在上，陰爻在下的時候，叫做「承」；陽爻在下，陰爻在上的時候，叫做「乘」。 ⚎承 ⚎乘

一、主爻 主爻是可以作爲六十四卦裏各卦之主的爻，就是有一個卦裏的全體的意味之爻，也就是在全卦六爻中間最重要的一個爻。一個主爻，卻有兩個意味。一個的意味，是「定位之主爻」；一個的意味，是「生卦之主爻」。

（甲）定位之主爻 這個主爻，就是全卦裏的五爻，又叫做「君之定位」。所以定位的主爻，多是五爻；在六十四卦裏，除了少數的例之外，其餘十有八九是把五爻作爲定位的主爻。現在把少數的例外，列舉如左：

坤卦純陰，所以不把六五當作君上，卻把六五當作「臣下高位」講解。

剝卦的六五，不當作君上；却把上九，當作君上至尊之位。

大過之卦的九五，不當作君上講解。

其餘遯卦的九五，明夷卦的九五，歸妹卦的六五，旅卦的六五等，全不當作君上解。

(乙)成卦之主爻　成卦的主爻，就是全卦裏主要的爻，也就是具備全卦的德性象義之爻。在六十四卦中間，雖然各有主爻；但是從初爻到五爻，依着六十四卦，位置却各不相同。現在把這種成卦的主爻的位置，列舉如左：

乾	九五	坤	六二	屯	初九	蒙	九二	需	九五
訟	九二	師	九二	比	九五	小畜	六四	泰	九二
否	九五	同人	六二	大有	六五	謙	九三	豫	九四

隨	初九	臨	九二	觀	六四	噬嗑	六五	賁	六二
剝	九五	復	初九	无妄	初九	大畜	上九	頤	上九
坎	九二	離	六二	遯	六二	大壯	九四	晉	六五
家人	六二	蹇	九三	解	九四	損	六三	益	初九
姤	初六	升	初六	困	九二	井	九五	益	六五
震	初九	艮	上九	漸	六四	歸妹	六三	旅	六五
巽	六四	渙	六四						

一、卦之主　在全卦六爻中間，以性少者爲主爻。一陰五陽之卦，以一陰爲主。例如：姤、同人、履、小畜、大有、夬等卦，全是以一陰爲主。一陽五陰之卦，以一陽爲主。例如：復、師、謙、豫、比、剝等卦，全是以一陽爲主。

一、雜卦　在九五的一陽之外，有一陽得勢力的卦，全是艱難勞苦之卦。例如：觀、萃、屯、蹇、坎等，全是這種卦。觀和萃兩卦，全是天下二主，一國二君之卦。所以這兩卦全是雜卦。在九五之外，又有一陽；就是除了外卦九五的一陽之外，內卦裏又有一個剛陽，所以便成了天下二主，一國二君之卦。倘若一個剛陽，和爲主的陽，並比在同卦中間，便不是雜卦。

倘若在上下兩卦中間，有一个卦是坎水之卦；那末，除了此卦之外，全是雜卦。例如：訟、困、未濟、既濟、解、渙、蒙、師、需、節、屯、井、蹇、坎等，全是這種卦。盡是有大事之卦，所以嫌陰爻柔弱。重坎、困、大過等卦，全貴陽剛；大壯、離、訟等卦，均貴柔順溫和之道。屯、坎、蹇、困等卦，名爲四大難卦。

一、父母　在易經方面，把第五爻當作父母，用第二爻表示子女。只有在親子對抗的時候，方才把初爻作爲子女。

一、賢者 小人 初爻的陽，和四爻的陰，相對的時候，便有在下的賢者，輔佐不才的宰相的意味；初爻的陰，和四爻的陽，相應的時候，便有卑賤的小人，阿諛宰相的意義；大過的初六之陰，和九四之陽相應，乃是扶佐君上，終于成功的事情。

陰柔在上爻，有小人阿諛君上的意義。只有井卦的上六，却在此例之外；此卦的上六，却以陰柔爲吉，陽剛在上爻，可作王師，賢者講解。

一、妻妾 二五相應，是正位的夫婦；二五相比，便可作妾講解。

一、君臣 一卦的六爻，可以解釋如下：

⚊ 位外
⚊ 君主
⚊ 近臣
⚊ 諸侯
⚊ 臣
⚊ 萬民

一、位階 一卦的六爻，可以分成六個階級，作爲判斷的材料。

△八卦象義

無位 ━
天子 ━
公卿 ━
大夫 ━
士 ━
庶人 ━

☰乾　乾爲健之象，可作良馬解；行道之健者莫如良馬，所以可把乾當作良馬。乾爲剛之象，可作金解；萬物之剛者莫如金，所以可把乾當作金。乾外有乾，互卦也是乾，乾乾之象，伏位有坎離。以坎爲月，以離爲日。日月所附者天，乾爲天象。

剛健、純粹、銳進、勇猛、威嚴、決斷、壯盛、昭明、廣大、尊貴、富饒、盈滿、正直、勤勉、驕奢、亢慢、侵淩、苛刻、強暴、天、霰、雹、水、冰、秋九月十月之比、戌亥之年月日、向西北的家屋、天子、君、父、老人、長者、有官位的人、有名的人、贅婿、經營商業的僧侶、乞丐、下人、赤、白、玄、黃、四、九、一。

☱兌　兌爲少女。人所喜悅者，莫此爲甚。互卦爲家人。家人爲男女正事。悅而得男女之正，亦爲悅道之大者，皆有兌悅之象。

喜悅、柔和、親和、喜慶、毀傷、憂愁、講習、喧噪、愛好、卑劣、厚情、感服、色情、雨露、霜霰、星、月、新月、秋、八月、酉年月日、向西的家屋、巫、歌、好、少女、伶人、譯官、白、四、九、二。

☲離　凡物離而後麗。不離則不麗。有所麗則燃，無所麗則滅。故離爲火。離火雖明，然不及日。離爲明象。

智惠、遷延、邪智、疑惑、性急、薄福、美麗、顯著、日、雹、虹、霞、晴、南、夏、五月、午年年月日、有爐冶之所、中女、文人、介胄之士、愚癡之人、赤、紅、紫、三、二、七。

☳震　震爲動，又爲春。發動萬物者，莫如雷之疾。震爲稼禾，互卦坎爲雨。

雷字爲雨于田。互體坎爲雨起于艮山上之兆，皆震雷之象也。

震動、疾行、勤勉、才能、躁動、驚駭、興起、勇敢、發出、憤怒、出奔、成功、雷、浮雲、東、春二月、卯年月日、長男、青碧、玄黃、四、八、三。

☴巽　陰小陽大而隨從大者。幼而遜悌，爲巽之象；巽又爲股。巽與兌相反。巽股伏于衣裏。巽爲伏之象，巽又爲風。風能入物。物長則以巽爲命。命能至于民則民化。巽爲入之象，互體離兌，少女居于中女之下。巽爲順之象，皆巽之象也。

巽順、諂諛、疑惑、進退不果、無決斷、心志不定、往來、隱伏、多慾、奸慝、出奔、利益、蕃昌、薄情、風、霞、東南、春夏之候、辰巳之年月日、夏四月、長女、秀才、青、淡綠、五、三、八。

☵坎　此卦坎爲水，互卦爲艮山，坎爲險象，故有危險。坎爲離之象，往坎來亦坎。坎爲陷之象，互體艮震，外實而內虛。

陷、險、溺、誠、仁慈、喜愛、多欲、愚昧、伏藏、奸計、冬十一月、子年月日、中男、舟人、盜、淚、人、黑、赤、六。

☶艮　止于一陽二陰之上者爲艮，故艮爲止之象。艮又爲門閥。一陽關鍵，闔而不闢，止而不進。互體震坎，震雷上而坎水下，各止于其所。

止、滅亡、篤實、偏固、遲滯、愼守、狠戾、少男、山中人、黃、七、五、十。

☷坤　坤字從土從申，申者重也。地體重土，爲坤之象；申之方位，在西南隅。坤亦爲西南之卦，故爲申土。以坤爲中，中之性順。坤爲順之象，地順天，臣順君，妻順夫。

柔順、溫厚、安靜、順直、謙讓、恭敬、貞節、儉約、衆多、卑賤、狹小、虛耗、衰微、怯弱，怠惰、暗昧、疑惑、嫌惡、吝嗇、遲鈍、偏見、固執、邪曲、西南、未申之年月日、雲霧、田野、平地、倉庫、村舍、皇后、母、黃、八、十、五。

○易經判斷之範圍

這種易經判斷的範圍，可稱爲易學方面的「範圍論」；易經判斷的範圍，是有一定限制的。用易經占筮方法，得卦之後，加以判斷；這種判斷的範圍，雖然很廣，然而普通的方法，却是依據所得的本卦，之卦，包卦，互卦，全卦，似卦，伏卦，及其變化與消長，互相比較，對照，然後判斷。

△範圍圖說

一、錯卦　在六十四卦中間，又有錯和綜的分別。陰和陽對立叫做錯；例如：乾與坤爲錯，震與巽爲錯，艮與兌爲錯。現在圖解如左：

☰乾　父	☷坤　母
☳震　長男	☴巽　長女
☵坎　中男	☲離　中女
☶艮　少男	☱兌　少女

六十四卦之錯如左：

䷀乾　䷁坤	䷅訟　䷣明夷	䷉履　䷎謙
䷓觀　䷡大壯	䷗復　䷫姤	䷝離　䷜坎

睽　蹇

師　同人

无妄　升

渙　豐

隨　蠱

兌　艮

泰　否

咸　損

蒙　革

賁　困

屯　鼎

噬嗑　井

旅　節

比　大有

大畜　萃

恆　益

中孚　小過

漸　歸妹

需　晉

小畜　豫

臨　遯

剝　夬

頤　大過

家人　解

巽　震

既濟　未濟

一、綜卦　兩個顛倒相反的卦叫做綜卦。在六十四卦中間，像乾、坤、坎、離、頤、大過、中孚、小過等八個卦，雖然形式顛倒，然而卦象並無變化，所以可把它省去；其餘五十六卦，卦象對立顛倒，便有反對的意味。其圖如左：

屯䷂蒙　需䷄訟　臨䷒觀　噬嗑䷔賁

泰䷊否　同人䷌大有　咸䷞恆　遯䷠大壯

蹇䷦解　損䷨益　困䷮井　革䷰鼎

豐䷶旅　巽䷸兌　師䷆比　小畜䷈履

謙䷎豫　剝䷖復　隨䷐蠱　晉䷢明夷

无妄䷘大畜　夬䷪姤　家人䷤睽　震䷲艮

萃䷬升　渙䷺節　漸䷴歸妹　既濟䷾未濟

周易上所記載的卦，上卦三十下卦三十四，共計六十四卦。把綜卦作為一卦，計算的時候，上卦是十八卦，下卦也是十八卦。共計只有三十六卦。

一、全卦　全卦是六畫的卦，全體具備八卦之象。這種全卦，又名大卦。在六十四卦中間，全卦只有六個。現在列舉全卦如左：

（甲）本卦臨，全卦大震䷒。這個全卦大震，比較八卦裏的震卦，它的德性、功能，全有加倍之力。彖辭裏有「臨元亨利貞」；這元亨利貞四字，全有大震的象義。

（乙）本卦遯，全卦大巽䷠。這個全卦大巽，比較八卦裏的巽卦，它的德性，功能，全有加倍之力。遯的九四裏，有「係于遯」之辭。「有疾則厲，畜臣妾則吉」；又在象傳裏，有「係于遯之厲，有疾而憊。畜臣妾則吉不可爲大事」；此等經傳的文章，所說的「係」、「疾」、「臣妾」、「不可爲大事」等言語，全是取大巽之象而言。

(丙)本卦小過，全卦大坎☵。這個全卦大坎，比較八卦裏的坎，它的德性、功能，全有加倍之力。小過的彖辭裏說：「飛鳥之遺言，不宜上、宜下。」象傳裏說：「有飛鳥之象，不宜上、宜下。上則逆，下則順。」六五的爻辭裏說：「密雲降雨，自我西郊；取公弋，在彼之穴。」上六的爻辭裏說：「飛鳥離之，凶言之災害。」此等經傳文裏所說的「飛鳥宜下，下則順；密雲、雨、穴、災害」等文字，全是取大坎之象而言。

(丁)本卦中孚，全卦大離☲。這個全卦大離，比較八卦裏的離卦，它的德性、功能，全有加倍之力。中孚的彖辭裏說：「豚魚吉。」象辭裏說：「孚，化乃邦。信及豚魚也。乘木而舟虛。以中孚而利貞，乃應天。」初九的象傳裏說：「志未變也。」九二的爻辭裏說：「我有好爵，吾爾靡之。」六四的傳裏說：「絕類而上。」上九的爻辭裏說：「翰音上于天。」此等經傳的文章裏，所說的「中孚、化、邦、信、木、舟、虛、好、爵、中心、登」，等全是取大離之象而言。

（戊）本卦觀，全卦大艮☶。這個全卦大艮，比較八卦裏的艮卦，它的德性、功能，全有加倍之力。觀的象辭裏說：「不荐盥，有孚顒若。」彖傳裏說：「觀神道而四時不惑，聖人以神道設教而天下服。」此等經傳的文章，所說的「神道」，乃是從那大艮作爲宗廟的關係發生的。

（己）本卦大壯，全卦大兌☱。這個全卦大兌，比較八卦裏的兌卦，它的德性、功能，全有加倍之力。大壯九三的爻辭裏說：「羝羊觸藩。」六五裏說：「喪羊。」上六裏說：「羝羊。」此等經文裏所說的「羊」，全是從把兌當作羊的關係發生的。

一、似卦　似卦是六畫全卦的象，似全卦而其象沒有充分完備的卦。比較全卦，其德性功能等稍劣，其力亦弱。但是，這種似卦，比較八卦的象義，勢力却又甚大。因爲這個緣故，所以似卦雖然次于全卦，然而也是很重要的。在六十四卦中間，似卦也只有六卦。

(甲)本卦大過，似卦大坎☵。彖辭裏說：「大過爲棟橈。」這是從「似卦之坎」的關係發生的。

(乙)本卦咸，似卦大坎☵。本卦恆，似卦大坎☵。這兩卦，全有似卦的大坎。其象義之作用，和全卦相同。咸和恆兩卦，又把這個作爲包卦。本來包卦和似卦的作用，是各不相同的。依着各種情形，活用的方法也有差異。並且有在用包卦的時候，兼用似卦之象的事情。使用這兩卦的人，須要臨時酌定用法。

(丙)本卦頤，假卦大離䷚。初九的爻辭裏說：「舍爾之靈龜。」

(丁)本卦益，假卦大離䷩。九五的爻辭裏說：「十朋之龜。」

(戊)本卦損，假卦大離䷨。

一、包卦　六畫重卦中間，含有別種卦的時候，名爲包卦。此卦以左邊所記的包卦爲限。就是恆、咸以坤包乾，損、益以乾包坤，解、蹇以坤包離，家人及睽以乾包坎。現在把它列舉如左：

恆䷟　咸䷞　損䷨　益䷩

解䷧　蹇䷦　家人䷤　睽䷥

這種包卦，是要在占卜祗禱，或是病症的時候使用的；例如有妊娠的女人，倘若筮得蹇卦，那末占筮的人，可以說：「蹇爲坤（母）包離（少女）于腹中之象，」故生女子。

一、互卦　六十四卦全有互卦。但是，乾坤兩卦的互卦全是坤，所以不用；其餘的六十二卦，全有互卦。例如：賁卦，初爲水火既濟，二火豐，三水解，四山雷頤，五山水蒙。又有用中卦取互卦的方法；就是除了初卦的上爻之外，用二三四五，四四個爻取互卦，也就是用二三四爻作下卦，用三四五爻作上卦。今用天雷无妄的本卦作互卦，便有了風山漸之卦。

本卦　天雷无妄　䷘（六五四　四三二）

互卦　風山漸　䷴

一、伏卦（裏面生卦）　伏卦是本卦裏面的卦。例如山火賁䷕的裏面，有澤水困䷮，困窮的意味。坎爲水的伏卦是離爲火。六十四卦中間，除了乾坤二卦之外，其他的六十二卦，各有伏卦。

一、易位生卦（卦位顚倒解釋）　變換卦位，是把內卦和外卦，變換地位的事情；它的意味，可分三種如下：

一、把內卦代替到外卦的上邊。

二、把外卦代替到內卦的下邊。

三、把內卦代替到外卦的上邊，把外卦代替到內卦的下邊。

一、易位內顚生卦　把內卦易位到外卦之上；例如晉卦和明夷卦易位。

明夷䷣　　晉䷢

一、易位外顛生卦　把外卦易位到內卦之下；例如：井卦和渙卦，易位生卦。

渙䷺　井䷯

一、易位內外顛生卦　內外互相易位；例如：萃卦和臨卦，易位生卦。又在反對方面，臨卦和萃卦，也是易位生卦。

臨䷒　萃䷬

一、顛倒生卦　顛倒的意味，和前邊所說綜卦的意味相同；就是使所得的卦，上下顛倒過來的事情。例如：使屯卦顛倒，便變成蒙卦；把比卦顛倒，便變成師卦。前邊所說的乾、坤、頤、大過、坎、離、中孚、小過八個卦，從上看來，雖然顛倒，仍舊是同一的卦；所以顛倒解釋，也是同一的。六十四卦中間，除了這八個卦之外，其餘五十六卦，全是顛倒生卦的。

在卜筮方面，占筮貨物的價錢漲落的時候，倘若得着臨卦，便可解釋說：

「臨爲地下澤之象。地雖低，澤比地更低。現在貨物的市價，已經達到最低的地位了；這個時候，却是陰極變陽之時。使臨卦顛倒，就成了觀卦。觀是二陽在上，有高之象；所以貨物的市價，將來必然要從現在最低的價値，逐漸上升。因爲這個緣故，所以現在買進貨物，將來必然可以得着利益。」

屯䷂卦顛倒，變成蒙䷃卦

比䷇卦顛倒，變成師䷆卦

一、內顛生卦　內顛生卦，是外卦（上卦）不顛倒，只有內卦顛倒。就是有「彼雖進來，我不受之，而向後去」之象。像蠱爲損，艮爲頤，漸爲益等，全是此例。

蠱䷑卦內顛，變成損䷨卦。

漸䷴卦內顛，變成益䷩卦。

艮䷳卦內顛變成頤䷚卦。

假定占筮的時候，得着「巽之不變」；那末，在這個時候，便可解釋說：「彼雖顛倒成兌而向我，我則背兌口而不向之；這就是此占所有之象。」

一、外顛生卦、外顛生卦，是只有外卦顛倒，內卦却不顛倒。例如：兌的外卦顛倒，變成中孚；隨變成益，歸妹變成損等，全是外顛生卦。

兌䷹卦變成中孚䷼卦

隨䷐卦變成　益䷩卦

歸妹䷵卦變成　損䷨卦

假定占筮的時候，得着「隨之不變」；那末，在這個時候，便可解釋說：「

我雖以震進，彼則使兌口向外而不承認；這就是此占有話不投機的意味。」

一、內外顚生卦　內外顚生卦，就是內顚外顚的生卦同時現出；像小過變成頤，大過變成中孚，頤變成小過，中孚變成大過等，全是此例。這種應用解釋，也和前邊的六個例相彷。

小過䷽卦變成　頤䷚卦。

頤䷚卦變成小過䷽卦。

中孚䷼卦變成大過䷛卦。

大過䷛卦變成中孚䷼卦。

一、交代生卦　交代生卦，是柔和剛互相交代。三陰三陽之卦，除了泰否兩卦之外，其餘的卦，像損、益、咸、恆、渙、節、噬嗑、賁、豐、旅、井、困、隨、蠱、漸、歸妹、既濟、未濟等，全有此例。渙從泰來，益從否來，咸從否來，恆從泰來等，全是此例。現在舉例詳述如下：在占筮的時候，得着蠱之渙卦，那末在這個時候，便可判斷說：「蠱本來是從泰來的。然而泰是在無事的時候。泰卦上六的一陰，來到內卦的初爻，初九的一陽，和上六交代而成蠱。這是主人寵愛小人，賢者出外之象。九三的一陽，和六五的一陰交代，內卦生坎，變成渙卦。渙爲渙財，有失家財之義。並且將要變成否卦。否有家道衰敗之象。須要使新來的人出去，再把舊人招回，才能再使家道康泰。」

母卦泰䷊，

子卦其數九

恆䷟　泰卦初九六四之陰陽交代。

既濟䷾　九二與六五之交代。

損䷨　九三與上六之交代。

井䷯　初九與六五之交代。

蠱䷑　初九與上六之交代。

豐䷶　九二與六四之交代。

賁䷕　九二與上六之交代。

歸妹䷵　九三與六四之交代。

節䷻　九三與六五之交代。

母卦否䷋

子卦其數九

益䷩　否卦初六九四之交代。

未濟䷿　六二與九五之交代。

咸䷞　六三與上九之交代。

噬嗑䷔　初六與九五之交代。

隨䷐　初六與上九之交代。

渙䷺　六二與九四之交代。

困䷮　六二與上九之交代。

漸䷴　六三與九四之交代。

旅䷷　六三與九五之交代，

一、來往生卦　來是從外卦之外，來到內卦之上；往是從內卦之外，行到外卦之上。屯是比的來往生卦。一陽從外卦之外來，居于初爻而成屯。比是九五之君，統治羣陰，有五陰親比一陽之象。今成屯卦，則比之初九，有陽剛之賢者來而得勢，有天下分歸二主之象。此爲天下之屯難，故名屯。彖傳裏說：「剛柔始交而難生，」就是這種道理。又在訟卦方面，一陽從否的外卦之外來，居于二爻而爲訟主。否則君臣之情不通，有國家否塞之象。國家否塞則必訟。然而否之內卦，坤順而不能爲訟事。現今九二之剛來爲訟主，這就是生訟的原因。彖傳裏說：「剛來而得中也。」晉是否的往來生卦。否是乾天坤地定位。現今內卦之中，一陰從上來而成離。故名晉。彖傳裏說：「晉者進也，柔進而上行也。」大畜是從泰卦的內卦之內，往而爲外卦之上九。彖傳裏說：「剛上而尚賢也。」其他可以類推，不遑枚舉，所以本篇除了這幾個例之外，不再舉別的往來生卦了。現在把占卜的事情再說明如下：明夷本來是從泰來的；這就是國家泰平已久，君主因安而驕，對于國家忘了預防亂機的事情；一陰的小人從外來，得臣位而傷忠良，危國家之象。又在占病的時候，便可解釋說：「這個泰本來是沒有病的，因爲一陰的外邪來侵，以致變成離熱；所以若能解熱，便可轉成泰的無病之象；豫本是從坤來的，所以可把坤作爲無病之時；現今一陽從內卦之內往而居于四爻，爲震之積氣而成豫。所以有翹胃土而上逆吐食之象。九四的一陽，就是坎的主爻；坎爲水，爲寒，爲毒。用大黃附子等藥劑，攻下一陽之毒，便可轉成坤的無病之象，病便好了。」來往生卦之例如左：

順生卦比☷☵比的初六之爻，有一陽從外卦之外來，變成屯卦。

本卦　屯☵☳剛柔初交而難生。（彖傳）

一　運移生卦　這種運移生卦；就是把內卦的一爻，搬到外卦；外卦的一爻，搬到內卦。並且這種生卦的事情，只是搬運一爻，使它遷移。不是使陽爻超過陽爻，也不是使陰爻超過陰爻。這種方法，就是運移的法則。運移生卦，是只有一爻移動；和交代生卦的二爻活動，是要區別淸楚的。運移生卦的搬運一爻，和來往生卦的爻之來往，也是大不相同，不可使它相混。現在舉出從內卦運移到外卦的例如下：得復之卦，而言：「南國蹙」就是此例。外卦的一爻，運移到內卦的例如下：姤的九五裏說：「有自天隕者。」萃卦九四的一陽，運移到初六而成屯，也是此例。

順生卦萃䷬萃之九四，移居于屯之初位。

本卦　屯䷂以貴下賤。

本卦　升䷭以柔時而升。

逆生卦臨䷒升之初六，巽本之種子生長，上升至順之三位。

一、變爲生卦　變爲生卦，是陽爻變爲陰爻，陰爻變爲陽爻。例如：乾的二、五兩爻變化，就變成了離卦；乾的初、四、五等爻，三回變化，就變成了蠱卦；明夷的二爻變化，就變成了泰卦。此等卦例如左：

乾䷀的二和五兩爻變化，就變成離䷝卦。

乾䷀的初、四、五等三爻變化，就變成蠱䷑卦。

明夷䷣的二爻變化，就變成泰䷊卦。

一、變卦（之卦）　前邊已經說過，從占筮所得的卦，不論是略筮、中筮、本筮，必然全能得着本卦（即遇卦）和變卦（即之卦）兩種。但是在略筮方面的變卦（卽之卦）是本卦（卽遇卦）中間，只有一爻變動，便能發生的；至于在中筮和本筮方面，却是老陰和老陽全要變化；從本卦變成之卦的時候，雖然有一爻變化的事情，然而又有二爻以上發生變化之事。從本卦（卽遇卦）變成變卦（卽之卦）的事情，在占筮的方法論裏，是已經說過的了；所以在這個地方，並無再論之必要。在此章中，我們應當記憶的事情，是要把本卦（卽遇卦）和變卦（卽之卦）互相對照，作爲易經判斷的資料。至于它的適用方法，却又要在後邊易經解釋應用論之章裏，再當詳述。又在古時易經占法方面，有「本卦之外卦動，則比較變卦之外卦，與本卦之外卦；本卦之內卦動而成變卦，則比較本卦之內卦，與變卦之內卦，而爲判斷」的方法。這種方法，也是本卦和變卦比較方法的一種。

○易經之理論的解釋方法

一、「易經爲究理之書」　易經的大傳裏，有「究義究理」之言。在現今的時代，我們又當把這句言語，改爲「易經當用科學的解釋。」又可說：「易經當用合理的解釋。」或是說：「易經當用論理的解釋。」總而言之，易經所說的究理，是要以科學的合理方法爲基礎，解釋易經的道理。解釋易經的科學的興味，却是從科學的方法發生的。

得卦的事情（卽立占得象之事），是要依據假定的設定。（如前所述，這種假定雖然有二分之一的適中性，却也和單純的假定相同）依據這種假定的設定，所得的象，就是把一個卦，還元到易經解釋的各因子；也就是把全卦分解綜合成各種元質，作爲易經判斷的材料，然後下易經的科學的判斷。

在現今的時代，解釋易經，也要和別種一般的社會科學相同；分爲文理解釋（字義解釋），論理解釋，折衷解釋三種。現今依次說明于後。

一、字義解釋　字義解釋，就是文理解釋；易經是惟一不磨的經典，所以我們可以把易經的文字作爲金科玉律，解釋其中文章的字義，以爲易經的判斷。

易經裏的易字，是日下一個月字；照着會意的解釋，就是說明宇宙的大義；益字是水下一個皿字；照着會意的解釋，就是水爲易坎之象☵，把這個☵，寫成兴，又在它的下邊寫一個皿字便成了益字；解釋起來就是皿上有水充溢之象，又有物體增加利益的意味。易經裏的損字，是扌傍一個員字；照着會意的解釋，員是圓的本字，圓有玉之義，所以損有從手落玉之象。易經的屯字，上邊的一字是地中間的屮字是草，下邊的一曲是草根，所以這個屯字有草根不能從地生出之象。易經上的旦字有日從地上出來之象。易經上的履字，是併合古字的尸、彳、舟、夂而成的；尸是人身，彳是行，舟且載物的，夂是足就這是步行也可把它當作「運動人身之所以」講解。坎字有欠土之象；欠土而成穴，有穴則有陷落之險；所以坎字可作穴、陷、險等字講解。

附範圍表

範圍圖

全包 伏互	易位	內顛	外顛	內外顛	易位內顛	易位外顛	易位內外顛
全包 原圖轉序 伏互							
全包 消長準衍 伏互							
全包 易位外顛 伏互							
全包 易位內顛 伏互							
全包 內外顛 伏互							
全包 外顛 伏互							
全包 內顛 伏互							
全包 裏面 伏互							
全包 顛到 伏互							
全包 易位 伏互							
全包 變爲 伏互							
全包 運移 伏互							
全包 來往 伏互							
全包 交代 伏互							
全包 本卦 伏互	全包 易位 伏互	全包 內顛 伏互	全包 外顛 伏互	全包 內外顛 伏互	全包 易位內顛 伏互	全包 易位外顛 伏互	全包 易位內外顛 伏互
包 之卦 互	包 易位 互	包 內顛 互	包 外顛 互	包 內外顛 互	包 易位內顛 互	包 易位外顛 互	包 易位內外顛 互

全包 伏互	易位	內顛	外顛	內外顛	易位內顛	易位外顛	易位內外顛
全包 覆卦 伏互							
全包 覆卦 伏互							
全包 覆卦 伏互							
全包 覆卦 伏互							
全包 覆卦 伏互							
全包 覆卦 伏互							
全包 覆卦 伏互							
全包 覆卦 伏互							
全包 覆卦 伏互							
全包 覆卦 伏互							
全包 覆卦 伏互							
全包 覆卦 伏互							
全包 覆卦 伏互							
全包 覆卦 伏互							
全包 覆卦 伏互	全包 易位 伏互	全包 內顛 伏互	全包 外顛 伏互	全包 內外顛 伏互	全包 易位內顛 伏互	全包 易位外顛 伏互	全包 易位內外顛 伏互
全 覆卦 伏	全 易位 伏	全 內顛 伏	全 外顛 伏	全 內外顛 伏	全 易位內顛 伏	全 易位外顛 伏	全 易位內外顛 伏

來往	交代	本卦	之卦	交代	來往	運移	變爲	易位	顛倒	裏面	內顛	外顛	內外顛	易位內顛	易位外顛	消長華衍	原圖轉序
賓卦	賓卦	賓卦	賓卦	賓卦	賓卦	賓卦	賓卦	賓卦	賓卦	賓卦	賓卦	賓卦	賓卦	賓卦	賓卦	賓卦	賓卦
		易位	易位														
		內顛	內顛														
		外顛	外顛														
		內外顛	內外顛														
		易位內顛	易位內顛														
		易位外顛	易位外顛														
		易位內外顛	易位內外顛														

Each cell is marked 全 包 互 伏 at its corners.

本卦	之卦
易位	易位
內顛	內顛
外顛	外顛
內外顛	內外顛
易位內顛	易位內顛
易位外顛	易位外顛
易位內外顛	易位內外顛

一部易經，雖然全可用這種解釋方法；但是，專用這種解釋方法，便成了訓詁註解之書，而爲一種學派的事業。中國古時的王弼、朱子、程子等，註解易經，全是屬于這種學派。

三、論理解釋（象數解釋） 這個學派的特徵，是對于易經的文章，不重文理；而用論理的方法，解釋得卦之象。例如：解釋火雷噬嗑☲☳卦，可以說「此卦爲在山雷頤口中，有不能咀嚼的物體之象，所以要噬嗑。」「頤的上九可以作爲上顎，初九可以作爲下顎；春雷有解開冰水的作用」。用此等言話，解釋火雷噬嗑卦，就是論理解釋法。又如：解釋水山蹇☵☶卦，可以說：「此卦爲面山背水之象，故有蹇難。」像這種解釋，也是論理的解釋。對于六十四卦，全用這種解釋方法，以供易經判斷的材料，就是這種學派的特徵。

義

解釋易經的興味，不從文理解釋發生，而從這種象數解釋發生，就是這種學派的特色。中國古時的虞翻、黃宗羲、惠棟、張惠言等全是屬于這種學派。

四、折衷解釋　把易經的字義，和象的解釋，作爲根據，而建立適宜的解釋，叫做折衷解釋這就是對于前邊所說的字義和象數兩種學派，取長去短，而成爲折衷解釋的學派。

五、全體解釋　對于所得的卦，解釋一卦全體的意義；全卦似卦的解釋方法，就是這種解釋法。

六、分解解釋　把所得一卦的全體，分作幾份，各爲解釋，叫做分解解釋。例如：把一個卦分爲兩份，作爲上卦下卦，或是作爲內卦外卦，或是考察二爻五爻的對象，或是考察相鄰的二爻之比，或是比較二爻的象乘，或是決定該卦的主爻，或是決定該卦的世爻應爻，或是比較內外兩卦的體用，或是研究該卦的包卦及互卦，分解該卦的六爻解釋各爻的意義，或是把各爻分配五行，或是附着九星十干十二支，或是決定六親，然後加以判斷；此等方法，就是屬于分解解釋之法。

七、裏面解釋　這種方法，就是解釋本卦（卽遇卦）之卦（卽變卦）的伏卦之法。

八、變化解釋　使所得的卦，發生交代、來往、運移、變爲、易位、顛倒、消長等變化，以爲判斷的資料。

九、反對解釋　對于主卦之賓卦，對于本卦之裏面解釋，對于本卦之顚倒解釋等，全是反對解釋之例。

十、對照解釋　對于本卦的之卦，對于內卦的外卦，對于上卦的下卦，全有解釋二五之對應、體用、世應等之必要；解釋此等事項，就是對照解釋。

前邊所說的各種解釋法，全可以在本卦之卦上自由應用；應用此等解釋法，就可以作爲得卦判斷的資料；此等解釋方法的巧拙，在得卦判斷的方面差異是很大的；所以在得卦而加以判斷的時候，須要很精密的應用此等解釋方法，以期得着正確的判斷。

十一、推論之範圍及其價值　如上所述，各種學派的推論範圍，是各不相同的；的究竟推論的範圍，在那一種程度之內，是合理的，在那一種程度以上，就是屬于詭辯的呢？初學者對于這種問題，須要特別注意。對于易經的各種學派，固然有若干論理的推論；然而巧妙複雜的詭辯，却也不少；對于易學的論理的推論和詭辯，是很不容易分的。各種學派，注解易經的事情，已經有三千年之久了；所有注解易經的書籍中間，却有許多詭辯能得眞理的，却是很少。在一方面，固然是注解易經的人，缺乏論理學上方法論的知識；在另一方面，初學的人，看了許多詭辯的注解，便要彷徨于五里霧中，不能看出易學的眞理；經過三千年之久，關于易學的書籍，已經汗牛充棟了；然而無益的文字，非常之多，這確是很可驚異的事情。

初學的人，在用文理的解釋的時候，不可對于字義的解釋，徒費貴重的時日；須要把握着包含在易經文章裏的眞理、才能爲確實的判斷。象數派的學派，很多詭辯的論理；倘若沈溺于此，便要忘了解釋易經的眞意。

總而言之，在易經的解釋方面，初學的人應當明白的事情，是在那一種程度之下，可以得着易經解釋的眞理；那一種程度以上，便是不必要的詭辯的論理的遊戲，或是訓詁註釋的末節。倘若初學的人，忘了這種事情，超過適宜的境界，捕捉訓詁註釋的末節，或是專爲詭辯的論理的遊戲；那末，不論研究易學到什麼時候，總不能得着易經的眞理。

易經判斷爲個人的人格之反映　建立占筮而得卦之事，乃是一種假定的事情，得知這種方法之後，就是童子，也能實行這種占筮。至于易學的科學方面妙味，却不僅是占筮得卦的事情；得卦之後，加以個人的解釋，才能得着易經學問的興味。得着一個卦之後，須要依着個人的經驗、學問、人格等，加以判斷；所得的卦雖然相同，然而因爲各人的經驗、學問、人格等各不相同，所以對于該卦的解釋，便大有差異了。所以相信占筮的人，須要請經驗、學問、人格見識，十分高明的人，代爲易經占筮，才能得着眞實的判斷。

易經爲倫理之學非說明人之吉凶禍福之書

某人解釋易經，說：「易經可分爲教和占兩部分教是常道，占是權道。」其實易經乃是處世方面倫理哲學之書，決定不是占筮的書籍。教人出處進退之正道，固然是易經的本來宗旨；然而論人的吉凶禍福之事，却不是易經的宗旨。若是把經易當作說吉凶禍福的書籍；那末這種議論，便要超過易經方面科學的說明之範圍了。根據象數和易經的文字，而說占筮的事情，到底是賣卜人的言語，並非科學方面的說明；這種超過科學的論理範圍的議論，只可當作一種論理的遊戲；這種遊戲之談，却不可作爲一種易經方面的學問。教授學生現今的時代，往往有若干人不知易經的道理，誤解這種事實，把易經當作預料人間吉凶禍籍的書籍；若能明白易經的道理，便不致有這種誤解了。

○易經之社會科學方面之價值

一、易經之學問方面之興味　在易經中間，有許多學問方面的興味；所以從古以來，有許多大學問家要研究易經的眞理。

二、易經爲辯證法的唯物論　古時有若干註解易經的人，往往要用詭辯的言語解釋易經。到了現今科學昌明的時代，卻當依據辯證法的唯物論，解釋易經。易經學者若能知道易經在科學的方面有相當的價值；那末依據科學的合理性的說明，便可探求易學的眞理。

世上又有若干學者，把易經當作神祕的書籍；對于易經的訓詁註釋，不惜窮年累月；每一個字的解釋，要費去數萬言之多。至于易經的眞理，卻仍舊不能闡明。學者須要知道，易就是「變」易經就是萬物流轉的理論。這種萬年不朽的大典，到了現今的時代，可以用現代科學把它說明；倘若不用科學的研究方法，求得易經的眞理；那末依據吉凶禍福之說，專爲占筮之事，固然是賣卜人的事情；就是道學先生的解釋易經的文字，却也有專重形式之弊，而非科學的解釋。因爲這個緣故，所以本書對于易經，要用科學的方法，解釋易經。德國的學者，泰爾哈嗎，在所著作的辯證的唯物論入門（Ab, Thalheimers; Einführung in den di alektischen Materialismus Marxistische Bi-bliothek, Bd.14.）中，間曾經用現代科學的方法說明易經的道理。所以本書依據這種研究易經的方法，解釋易經。

三、中國之易經學家　中國有許多學者，以爲易經始于伏羲神農；又有若干學者，不承認此說本書對于這兩種學說，並無判斷是非之必要。現今存留在世上的易經的文字，却多是周文王和周公著作的。文王分成六十四卦，在每一卦上，作表象全體意味的卦辭（彖辭）；周公又把六十四卦，分成三百八十四爻，作爻辭，藉以解釋各爻的意味；周公作爻辭的時候，是在距今二千九百七十三年之前。其後，孔子作易經的十翼（即上彖傳下彖傳上象傳下象傳繫辭上傳繫辭下傳文言傳說卦傳序卦傳雜卦傳）孔子從五十歲起，研究易學多年方才作十翼。後來中國研究易學的大家相繼輩出，朱子、程子、王弼、虞翻、黃宗羲、毛龜齡、碕允明、梁錫璵、惠棟、張惠、任啓運等碩學繼續發生，研究易經的蘊奧，著成的典籍很多。

四、易學之趣味　易經的趣味，在什麼地方呢？爲什麼中國，日本，德國，英國，有許多學者，要研究易經呢？若欲解決此等問題，必須先知道：這個易經，在現今的時代，已經成爲全世界的學者，應當研究的學問了。在這個易經中間，確是含有東方學問的精粹。所有東方的倫理、心理、論理、哲學、宗教、天文、地文、曆學、數學等，以及其他許多東方的學問，全包括在這一部易經中間。因爲這個緣故，所以古今東西，有許多學者，要把易經的上下兩卷，六十四卦，作爲思考的源泉。

五、易經在最近時代不發達之原因　易經是珍貴而有趣味的書籍；然而在最近的時代，却不發達，推究它的原因，可分三種如左：

1. 東方的學問，總是缺乏論理學方面的「方法論」的；東方的經子百家之書，雖然多是以倫理學，或是哲學爲根據；然而缺乏科學方面的方法論，却是可悲的事情。非但易經如此；所有東方的一切學問，全不像德國學問那樣完全合于論理學的方法。德國的學問，從序論起，到結論爲止，全是依據研究學問的方法論有十分整齊的秩序；但是在東方的書籍中間，要求像德國那樣秩序整齊的書籍，却是一本也沒有。東方古時的學問，只是注重目的論，用散體文或是詩詞，在表象的方面書寫結論。這種論文，是和現今時代的論理學的方法論，不能符合的。古人註解易經的文字，也是如此；所以易經到了現今的時代，便不發達了。這種事情，就是易學不發達的第一個理由。

2. 從前研究易學的人，只是努力在訓詁註釋的事情上。他們對于西洋的學問，本來毫無修養，不能使用論理學的方法；所以他們對于易經的文章，雖然費盡氣力，註解易經的文字；然而關于易經的眞理，却到底沒有得着。到丁最近的時代，易經却又成了賣卜人營利的書籍；他們不在學問方面研究易經的道理，却把易經作爲自己生活之資賺錢的工具；所以他們解釋易經的言語，便和易經的道理，不能相合了。

3、從前有若干易經學家，把易經當作家學；不肯把對于易經的心得輕易傳人；所以到了近代，易經的學問，便不容易流傳于世了。

4、近代學社會科學的人，往往輕視易經，把它當作腐儒和賣卜人的書籍，而不屑研究；于是易經的學問，到了現今的時代，便逐漸衰微了。

歐洲大戰以後，德國英國以及其他歐洲的學者，除了研究西洋科學之外，又應用歐洲派的方法論觀察東方的學問。像前邊所說的德國學者泰爾哈嗎，就是用科學的方法，研究東方學問的人。他們非但研究東方的哲學，和倫理學，並且研究東方的文學、美術等，許多的學問。他們西洋人，尙且能用科學的方法，研究易經的學問。我們東方人，卻不能用最新的科學方法，研究東方固有的易學，這卻是可悲的事情。所以本書要依着科學的方法，研究易經；以期東方固有的學問，全能科學化。

六、占筮之科學的意義　前邊已經說過，用易經占筮的人，須要十分誠心，進入純一無我之境，然後占筮，方才可以得着靈驗的卦。這種事情，雖然似乎是迷信之事；然而在精神作用的科學方面，卻也有相當的價值。不相信精神作用的科學的價值，便不能依據易經，得着靈驗的占筮。占筮的意義和價值，乃是依據一種假定的言語，判斷某種事物。易經的六十四卦，是把人數的一切行爲分成六十四類；再把它分析起來，就是易經的上下兩經，共有三十六個假定。更把它原還起來，就是三十六個假定，全可看作物的兩面；所以眞實的要素只有十八個。再就這十八個要素加以考察，便可知道這種假定，是從八卦發生的，所以只有八個要素。更進一層注意考察，又可知道這八個要素，全有陰陽兩面。照着這樣看來，可見著作易經的人，只是把人間的萬般複雜的事情，分成柔剛、明暗、左右、天地、往來等兩部分。不論那一種人的行爲，那一種複雜的事情，全不能逃出可行和不可行兩種道理。著作易經的人，在說不可行的卦裏，却也要議論可行的道理；在說可行的卦裏，又要議論不可行的道理。本書只是依據科學的方法，論述所得之卦的適中性；對于所得之卦的解決判斷，却是不談。對于易經的判斷，是依着個人的人格，各不相同的；雖然所得的卦只有一個，然而因爲各個人的人格不同，所以解釋便有差異了。

易經方面學問的興味，不在于占筮所得之卦，而在于占筮的人，依據自己的學識、經驗、和人格，對于所得的卦，加以合理的科學的解釋，以期應用合宜。相信世間的事物有精神作用的人，對于所得的卦，固然可以把它當作唯一無二的神的命運；就是不相信精神作用的人，却也可以把所得的卦，當作一種假定，加以解釋，以便應用。例如：把所得的卦，當作一種假定，使它還原成陰陽兩面那末在這陰陽兩面，必然可以求得科學的適中性。

七、易經占筮不能在自己身上應用之理由　有名的法官，不能判斷自身以及親友的案件，這是法律上所規定的。有名的醫師，不能判斷自身以及妻子的疾病，這也是醫學方面的經驗之談。因爲法官或醫師，對于關係太近的事情，往往在審判或診察的時候，先有種種雜念和想像，以致不能爲正確的判斷。易經占筮方面，也是如此；對于自己的事情，最難判斷。並且對于關係太近的親友，也不容易做正確的判斷。

○社會科學方面之易學

一、易學爲東方之社會科學　易經中間，含有政治學、經濟學、社會學等貴重要素。讀了易經的上下兩經的文章，便可看出古時聖人的關于政治、社會、經濟等學的意見。雖然它的記述的形式，和表現的方法，不像歐洲派學問那樣秩序整齊；但是中國的諸子百家之書，全和易經相同，對于各種學問，只是做斷片的記載；我們對于易經，可以不必問它的記述方法如何，只當研究其中所包含的學問。

二、易經爲東方倫理哲學之書　易經的上下兩經中間，非但含有社會科學，並且包含着倫理哲學。因爲易經裏包含着倫理哲學，所以很有價値。

三、易經爲辯證法的唯物論　易經又是記載哲學上方法論——尤其是辯證法的唯物論——的書籍。關于此點，頗有說明之必要；現在把它的說明，記述如左：

（一）「對立之透通」　辯證法的唯物論裏，第一個命題是「對立之透通」。易經的根本原理，是從天地陰陽對立出發的。一部易經，全是說明陰陽對立的道理；所以和「對立之透通」的道理，是相合的。例如一部易經，分爲上下兩經，六十四卦，全是說明天地、陰陽、剛柔、男女對立的事情。

（1）六十四卦中間，左邊的八卦之象，是顚倒相同的。

乾☰　坤☷　坎☵　離☲

頤　大過　中孚　小過

（2）六十四卦中間除了八卦之外，其他的五十六卦，全是依據「綜卦」的關係，發生左邊所記二十八卦上下顛倒的變化；這種變化，也是表現對立的狀態。

屯　蒙	需　訟	師　比	小畜　履
泰　否	同人　大有	謙　豫	隨　蠱
臨　觀	噬嗑　賁	剝　復	无妄　大畜
咸　恆	遯　大壯	晉　明夷	家人　睽
蹇　解	損　益	夬　姤	萃　升
困　井	革　鼎	震　艮	漸　歸妹

豐䷶旅　巽䷸兌　渙䷺節　既濟䷾未濟

除此之外，在易經的解釋方面，有內卦、外卦、上卦、下卦、應爻（一五三六一四之對爻）比爻（隣比對應）互卦（二三四、三四五之交互對應）伏卦（表裏對照）上下顛倒（內顛、外顛、內外兩顛）交代生卦、來往生卦、運移生卦、變位生卦、易位顛倒等，全是這種「對立透通」的應用。

易經中間字句的用法，有吉凶、悔吝、有咎无咎、有利不利、君子小人、明暗、恆變、存亡、初姤、動止、喜哀、孤衆、往來、進退、和不和、悲悅、剛柔、健順等文字，也全是「對立之透通」；所以我們可以說：一部易經，全是講「對立透通」之理的。

在對立中間，有絕對的相異性，又有同等性；所以有若干學者，主張「世間一切物體，有過程，有變化，有萬物流轉之相」的學說。物體的變化，是有對立性、相異性、矛盾性、同等性、統一性的；在陽━和陰╍的矛盾與統一之中，又有陰陽相交的事情；陰陽相交的結果，便生出新的陰陽━（一陽一陰）兩儀；兩儀之陰陽相交而成八卦，又從八卦生出六十四卦；六十四卦裏的爻數，共有三百八十四爻，陰爻一百九十二，陽爻一百九十二。每一個陰爻，有二十四策，所以共計有四千六百零八策；每一個陽爻有三十六策，所以共計有六千九百十二策；合併陰陽兩爻裏的策數，總計有一萬一千五百二十策，藉以表示無窮的變化。

(二)萬物流轉之相　唯物辯證法論的第二命題，是「萬物流轉之相。」易經的易字，本來是表示變化的；日字下邊再寫個月字，便成了易字，藉以表示天地變化之理；並且易字是從蜥蜴的蜴字來的；蜥蜴一日變色十二度，所以蜴字是有變化的意義，易就是變易；周易的周字，有周到普遍的意義；表示天地的變化，所以叫做周易。又在易經中間說明這種變化的文字很多。「生生之謂易」「物窮卽通」「一闔一闢謂之變，往來無窮謂之通」「天地之變化，聖人傚之」看了此等文字，可見這部易經，實是說明「萬物流轉之相」的書籍了。

又在本筮法方面，有老陰和老陽的言語；老陰的解釋，是陰極而陽初生；把此爻做成變卦，就是使老陰變化成陽。老陽的解釋，是陽極而將成陰；把此爻做成變卦，就是使老陽變化成陰。擲錢法的三面（老陰）三背（老陽）也是依着這種道理，使老陰或老陽變化，藉以做成變卦（卽之卦。）

六畫全陰的☷☷坤卦，可以作爲陰極；在這個全陰之中，却已經含着春氣。五陰之下，一陽初生，便得着䷗復卦；這個復卦，就是有一陽來復的意義。在六畫全陽䷀乾卦方面理由也是相同；乾的中間已經有陰的曙光。五陽之下，一陰初來，便得着䷫姤卦；這個姤卦，就是有五陽初遇一陰的意義。一陰雖弱，然有消滅五陽而上升之勢。所以姤卦又有「女壯」的意味。易經天風姤卦的彖辭說：「女壯也，娶女勿用，」就是這個道理。

依據這種理論，便可解釋資本主義和社會主義的消長之機；在資本主義經濟組織十分成熟的時期，該組織的自體中間，卻早已存着破壞該組織的社會主義的萌芽；所以陰陽消長的理論，也和辯證法論的議論相合。

(三)易之唯物觀　易經又是一種「唯物論」；不論觀察易經那一卦，全可看見「往利」和「往不利」等文字。這就是著作易經的人把利、不利等言語，作爲判斷一切事情的標準。

易經的根柢，是在于功利主義；中國古時的儒家，重仁義而輕利，長國家務財用和小人的自私自利，是大不相同的。易經中間，却不諱言利，並且要用吉凶成敗等言語判斷人事。又在易經中間，有散見的文章如左：

一、何以聚人？曰財；理財，正辭，禁民之非，曰義。

一、不耕獲，不菑畬，則所往有利。

一、以不家食爲吉。

一、需爲飲食之道。

一、不富而率其隣，利用侵伐。

一、噬腊肉而遇毒。

一、筮乾肉而得黃金。
一、有樽酒簋。
一、君子于行，三日不食，往有攸。
一、困于酒食朱紱方來。
一、井泥不食。
一、雉之膏則食。
一、在旅處，得資斧。
一、巽在牀下，喪其資斧。
一、益上損下益。
一、損下損上益。

看了此等文章，可見著作易經的人，確是有徹底的唯物觀了。

易經之價值　現在有一知半解，學問淺薄的少年，多是主張科學萬能論，以爲易經是沒有價値的書籍。其實這種少年，却是沒有詳細知道易經的內容，只把書坊裏說人生吉凶禍福的占筮之書，當作易經的本文；所以對于易經所說的道理，便毫無心得了。易經實是記述倫理、哲學、社會學、政治學等學問的書籍。決定不是專說人類吉凶禍福的書籍。總而言之，世上賣卜之徒，乘着人心的弱點，破壞科學的推論範圍，曲解易經的文字，專說吉凶禍福，藉以賣卜賺錢，于是本來論說哲學、倫理、社會學、政治學等學問的易經，却變成了專講占筮之書；學問淺薄的少年，看了賣卜人註解易經的書籍，便說易經沒有科學的價値；究竟專說吉凶禍福之罪，當歸之于賣卜人註解易經的書籍，却不應歸之于易經本來的文章。

世人所說：「沒有科學的價值」的言語，却有兩種意味。第一種意味，是沒有精神科學和社會科學的價值第二種意味，是沒有自然科學的價值。易經是社會科學的一種，包含着倫理學、哲學、政治學、社會學等學問，當然有精神科學和社會科學的價值。易經又是「辯證法的唯物論」這種辯證法的唯物論，不單是社會科學的方法論，並且又是自然科學的方法論。因爲這個緣故所以易經在自然科學方面的價值也和數學、物理、歷學、天文、地文等自然科學的價值相同。

○引用易經之別種占法

判斷易經占筮的時候，又可依據各種理論說明易理，加以判斷。易經的理論，就是陰陽動靜的道理；然而賣卜的人，却又要借用易理以外的理論，說明占卜的事情。

賣卜人所借用易理以外的理論，有五行易、九星術、天源十二宮術、淘宮術、神道佛說等。賣卜人在說明占卜的時候，最重要的是五行易、九星術、天源術、淘宮術等。此等論說，在近代科學方面，是否有相當的價值，這却未便遽行斷定。現在先把此等論說的概要記述于後，以供參考。

五行易

一、「五行易說」與易經之理不同 解釋易經的材料，有五行之說。然而這種五行之說，却和易經的原理，顯有區別。世上崇尙詭辯的人，把易經的理論，和五行之說，混合併用，以致易經的解釋，複雜難明，却是恨事。這種五行易

書經大禹謨
洪範氏有傳
五行生業三
說

說，在解釋易理方面，並無有力的根據。然而近代的易經學家，和賣卜的人，在解釋易經的時候，往往要引用五行之說；因爲這個緣故，所以著者也要把該說的概要記在下邊。

一、「五行易說」之起原　五行易之說；說起于何時，雖然不能確實明白；然在尚書和素問中間，屢屢說：「洪範者，箕子授于武王者也」；照着這樣看來，可見五行之說，在武王時代，是已經有的了。把這種五行之說，和易經的解釋結連起來的學者，有漢朝的焦贛、京房等人。

這種五行易是依據五行相生相尅的理論，判判吉凶存亡；據說：「陰陽動靜而成五行，五行造萬物所以天地間一切事物，不出五行之外。」五行是從陰陽分出來的；所以用五行易說明事物之理，比只用陰陽說明的較爲精密。總而言之，五行易法，是把五行分配在八卦和六十四卦裏，然後加以判斷。這種五行易所用的年月日，是常用陰歷的。

五行是人類生活所必需的利用厚生之源，分爲水、火、木、金、土五種。天地萬物，全不能越出這五種；所以五行可以包括天地萬物。地上初生的是水，水生木，木生火，火生土，土生金，金又生水。因爲這個緣故，所以萬物從水出。上邊所說的，就是五行易的根本原理。

一、五行相生　水生木，木生火，火生土，土生金，金又生水，這就是五行相生之說。現在把它的理由，略述如左：

（甲）水生木　據古人說：水是木之母，水竭則木枯。把斷根之木，浸在水裏，也能暫時生存。果實在未熟之前，所包含的多是水。花在尚未發達之前，採破了便要出水。依據此等事實，可知水生木的事情，是確實的了。有人問：「木從土生，無土則木難永久生存；為什麼不說土生木，却要說水生木呢？」我們欲解決這種問題，須要研究下文所記的「土為水之良人」的言語。無父（土）則子（木）不生。然而生子（木）的不是父（土），却是母（水）。

（乙）木生火　木為火之母。無木則火不燃，木竭則火消。例如使檜樹的木材，互相摩擦，便能發火。有人問：「金和金相打，石和石相打，金和石相打，積極的電氣，和消極的電氣，互相接觸，全能發火；為什麼專說木能生火呢？」我們須要知道這種問題裏所說的火，全是無體之火；必須有木，才能成有體的火（煤也是從木生成的。）因為這個緣故，所以說木能生火。

（丙）火生土　火滅成灰，灰與土為一體，這就是火生土的證據。

(丁)土生金　鑛山生金屬，就是土生金的證據。海中生金，雖然似乎是水能生金；然而海中的金，却是從海底土裏生出來的，所以仍舊是土生金。

(戊)金生水　據古人說：「用火炙金則水出」。這就是金生水的證據。有人問：「用火炙金，金生出水來，爲什麽不說火生水呢？」欲解決這種問題，須要知道：「火爲金之良人」——金母遇火父，才能生出水子。

一、五行相尅

(甲)水尅火　用水灌火則火滅，這就是水尅火的證據。

(乙)火尅金　用火燒金，則金熔化；例如黃金雖然是堅固的金屬；然而加熱到華氏六百五十度，便要熔化。這就是火尅金的證據。

(丙)金尅木　金屬能把樹木切斷，這就是金尅木的證據。

（丁）木尅土　樹木生在地上，樹根便要穿土，這就是木尅土的證據。

（戊）土尅水　築隄防于水路，則水不能流；投土于清水，則其水濁；這就是土尅水的證據。五行相尅之說，見于淮南子；在淮南子的地形訓裏，曾經說：「木勝土，水勝火，火勝金，金勝木。」後人的五行相尅之說，就是從此發生的。

一、以五行相生相尅之說應用于男女之事　水勝火，火勝金，金勝木，木勝土，土勝水。例如：火畏水，故女性之丁，爲壬（水之男性）之妻。左傳昭公九年，有「火爲水妃」之文；該文的註解，有「火畏水，故妃之」的言語；戊己爲土，庚辛爲金，壬癸爲水。木尅土，土尅水，水尅火，金尅木。木畏金，而乙爲庚妃。金畏火，而辛爲丙妃。火畏水，而丁爲壬妃。水畏土，而癸爲戊妃。土畏木，而己爲甲妃。現在用圖表示如左：

相生	相比和	相剋
吉	半吉	凶
木與火	木與木	木與土
火與土	火與火	火與金
土與金	土與土	土與水
金與水	金與金	金與水 木
水與木	水與水	水與火

一、以九星十干十二支分配五行之事　九星是指一白、二黑、三碧、四綠、五黃、六白、七赤、八白、九紫而言；這九星可以分配五行。十干是甲、乙、丙、丁、戊、己、庚、辛、壬、癸。把這十干分配五行，就是甲乙爲木，丙丁爲火，戊己爲土，庚辛爲金，

壬癸爲水。甲、丙、戊、庚、壬爲陽，乙、丁、己、辛、癸爲陰。前五個是男性，後五個是女性。

十二支是子、丑、寅、卯、辰、巳、午、未、申、酉、戌、亥；子、寅、辰、午、申、戌六個是陽是剛；丑、卯、巳、未、酉、亥六個是陰是柔。現在把九星、十干、十二支，分配五行的圖，舉出如左：

五行	九星	十干	十二支
木	三碧 四綠	甲 乙	寅 卯
火	九紫	丙 丁	巳 午
土	二黑 五黃 八白	己 戊	丑 辰 未 戌
金	六白 七赤	庚 辛	申 酉
水	一白	壬 癸	亥 子

一，五親　五親是指父母子孫、妻財、兄弟、官鬼而言。這五親之中，生我者爲父母，我所生者爲子孫，與我同等者爲兄弟，我尅者爲妻財，尅我者爲官鬼。五親也可分配五行；例如：從水說來，生我者金，故金爲父母。我所生者木，故木爲子孫。與我同等者水，故水爲兄弟。我尅者火，故火爲我之妻財。尅我者土，故土爲官鬼。又從木說來，生我者水，故水爲父母。我生者火，故火爲子孫。與我同等者木，故木爲兄弟。我尅者土，故土爲妻財。尅我者金，故金爲官鬼。其餘可以類推而知。現在把它表示如左：

△與我同性者爲兄弟。　所以屬坤土，以及屬艮土的諸卦之中，辰戌未丑等土支之爻，必爲兄弟。因爲土旺土，同氣相求，所以是兄弟。

△生我者爲父母。　所以屬于離火的諸卦之中，寅卯等木支之爻，必爲

父母。木生火，所以木爲生我（火）的父母。

△我所生者爲子孫。 所以屬于震巽木的諸卦之中巳午等火支之爻，必爲子孫。木生火所以從我（木）生子孫（火）。

△尅我者爲官鬼。 所以屬于坎水的諸卦之中，辰戌未丑等土支之爻，必爲官鬼。土尅水，所以從彼（土）尅我（水）。

△我所尅者爲妻財。 所以屬于乾兌金的諸卦之中，寅卯等爻，必爲妻財。金尅木，所以我（金）尅彼（木）。

五親表

父母	子孫	兄弟	妻財	官鬼
水⋯金	木	水	火	土

火……木	土	火	金	水
木……水	火	木	土	金
金……土	水	金	木	火
土……火	金	土	水	木

△父母之用。父母爲生我者，能防凶生吉。逢妻財而被破，會官鬼而增力。動則子孫不吉，病人服藥無效。婚姻不成，買賣無利。行人有音信。仕宦獲援助。

「運氣」以父母爲體。動則雖有子孫之爻，亦無功用；其人已失子息，或無子孫。

「婚姻」主婚儀者爲父母。若無此爻，或遇空亡之時，則爲野合，聘禮不成。

「生產」父母傷害生產。動則生子難育。

「仕宦」父母能使印綬文書旺相而貴，空亡則不吉。

「訴訟」父母能使狀詞有效。動則混雜。原告貴父母強盛，被告以父母衰弱爲吉。

「盜賊」父母爲窩藏。動則盜賊隱藏，不能捕獲。

「求財」父母能絕財源，動一回則求財可得，再三動則求財不得。

「旅行」父母爲行李。遇旺相則得財。會休囚則爲散財之非。

「行人」父母爲書信。動而尅世爻，則音信必至宿于震而帶金火，則電報來。空亡則音信絕。

「住宅」父母爲屋舍。遇旺相則家宅安甯。

△兄弟之用　兄弟與我比和。不能生福，亦不起凶。逢官鬼則破，會父母則吉。此爻動則尅妻財，助子孫。占病吉，求財而財破。行人不至，路上無妨。買賣無利。用人不佳。

「運氣」內卦爲兄弟，外卦爲朋友。與世爻相生，則兄弟和睦，朋友可交；與世爻相尅則反之。

「婚姻」兄弟爲費財，爲虛妄。遇世爻而動，則雖成婚，將來亦必離異。在世應之間，則媒妁語多虛妄。

「生產」兄弟爲傷害。妻爻空亡而此爻動，則母體危。

「仕宦」兄弟爲阻神。爲費財。爲嫉妬。遇旺相而動，則事生阻滯。

「訴訟」兄弟爲耗神，爲虛言。動而尅世爻，則我費財；動而尅應爻，則他人費財。

「求財」兄弟爲惡客。遇世爻而動，則財不得。會伏神而動，則可與人一同求財。

「旅行」兄弟爲伴侶。遇旺相則同行多。遇衰則同行少，不宜動。動則費財而歸遲。

「住宅」兄弟爲破財之神。遇旺相則家宅興旺。動則徙勞，人雖勤苦而報酬則少。

△子孫之用　子孫爲我所生，卦中至吉之神也。神卦出此大吉，忌遇父母，喜兄弟。此爻動時，可制官鬼之害。占病見此，得名醫靈藥而病愈。旅行買賣得此，則身康健而有吉慶。婚姻得此吉。產婦容易產子，子體亦健。訴訟不吉，辯

護士及同人均爲空論，而訟不勝。仕宦得此，不可妄進，笑傲于林泉則吉。

「運氣」子孫爲福德，若遇世爻，則衣食足而祿多；雖臨險當危，亦因有助而免。

「婚姻」子孫爲子女。卦中無子孫爻則無子。不宜動。動則破。

「生產」子孫爲用神。陽爻遇旺相則生男。陰爻遇休囚則產女。若落空亡，則不能養子。

「仕宦」子孫爲傷官之神。爲剝位，爲退職。動則仕宦不成。現任官占卜，遇此爻動，則削職退位。若官鬼有勢相助，則可免害。

「訴訟」子孫爲解神。能勸人和解，旺相而動，則訴訟必解。世應比和而動，則必與人和睦。

「失物」子孫爲捉神。動則盜必獲，發見失物之所在；動而遇旺相，則有利。

「求財」子孫爲顧客，又爲財源。旺相而動，則經營可久，財源不絕。落空亡，或遇剋，則無顧客。若有妻財而遇旺相，則一度求財可得，再求則不得。

「旅行」子孫爲良伴，爲錢神。動于內卦，則路逢良伴。

「行人」子孫爲吉兆，動而剋世爻，則歸期近。

「疾病」子孫爲醫藥。動則病安，卦中無此爻則凶，空亡則藥無功效。

「住宅」子孫爲家族，爲從者。遇旺相則家族從者衆。

△官鬼之用　官鬼爲剋我者，見此則凶。畏子孫爻，依賴妻財之爻。官鬼雖爲凶神，然而卦上無此爻則更凶。宜靜，不宜發動。此爻動則害兄弟；占婚姻，滯而不成；病苦門庭有禍祟來。身爻動于此上，則萬事不吉。旅行有災。訴訟被

因累傷身。買賣少利，競爭之事必敗。失物難尋。

「運氣」官鬼旺相而得正，則祿重官進。不得正則凶，疾病難愈。

「婚姻」官鬼爲夫，不爲妻；妻旺相而宿于震或離，則爲俊才賢明之人物。婚姻可成，然有夫家被破之患。

「生產」官鬼爲忌神宿于六爻之任何一爻均凶。帶空亡而發動，則因病而流產。

「仕宦」官鬼爲用神。旺相而動，則可得長上之惠。

「訴訟」官鬼爲官吏。動而尅世爻，則我不利，訟必敗。動而尅應爻，則他人必蒙責罰。

「失物」官鬼爲盜賊。初爻見此，則家有賊；二三爻見此，則有隣里之賊；此爻在外卦，則爲外賊；上爻見此，則爲遠處之賊。

「求財」官鬼爲介紹。若卦中無此，或落空亡，則求財不得。

「旅行」官鬼爲阻滯之神。在上卦，遇世爻而衰，則將出行；遇旺相，則不出行。

「行人」官鬼爲病神。若尅用爻，則途中患病。甚至失踪。

「住宅」官鬼爲錢神。旺相而生世爻，則財聚。

「遷移」官鬼爲惡客。動則有災。

△妻財之用　妻財爲我所尅者。諸事遇之吉，惟占父母之身，遇此則不吉。出于兄弟之卦則有損，出于子孫之卦則吉，會官鬼則泄氣而不利。此爻動則尅父母。求官不得。買賣有官廨之利。婚姻如意，有喜。行人從外來。產婦安。失

物在家內。病傷胃。

「運氣」妻財爲一生之衣祿。若在本卦三爻而遇生旺，則四十歲以後得福，獲財產有名望。

「婚姻」妻財爲婦人。動則不吉，傷翁姑。

「生產」妻財爲產婦。旺相而無尅，則臨產平安。

「仕宦」妻財爲俸祿。若不出于卦，或出于卦而動，則文書難成。

「訴訟」妻財爲解神。遇世爻而動，則我有利。訟事無阻而易成功。

「求財」妻財爲用神。爲一卦之主宰。生世爻則不吉，尅世爻則吉，空亡不利。

「旅行」妻財爲錢神。旺相則出行而多財利。遇空亡而泄氣，則宜注意路人之刼掠。

「行人」妻財爲財利。遇吉神而旺相，必有福利。

「住宅」妻財爲財寶。若出于要財卦，則財寶少。財爻爲土，則其家有五穀豐登之田地。爲火財，則其家可養蠶。爲木財，則產生樹木果實。爲水財，則有魚鹽之利。爲金財，則富有金錢。

一、八宮　把乾坤震巽坎離艮兌八卦，作爲八宮的首卦；又把其餘五十六卦，分配在八宮裏，每宮有八卦，便成了乾宮八卦，坤宮八卦，震宮八卦……等八宮八卦。現在把八宮八卦，列舉如左：

乾宮八卦　乾、姤、遯、否、觀、剝、晉、大有。

坤宮八卦　坤、復、臨、泰、大壯、夬、需、比。

震宮八卦　震、豫、解、恆、升、井、隨、大過。

巽宮八卦　巽、小畜、家人、益、无妄、噬嗑、頤、蠱。

坎宮八卦　坎、節、屯、既濟、革、豐、明夷、師。

離宮八卦　離、旅、鼎、未濟、蒙、渙、訟、同人。

艮宮八卦　艮、賁、大畜、損、睽、履、中孚、漸。

兌宮八卦　兌，困，萃，咸，蹇，謙，小過，歸妹。

又把六十四卦，分為本宮、一世、二世、三世、四世、五世、遊魂、歸魂。可以表示如左：

本宮	一世	二世	三世	四世	五世	遊魂	歸魂
乾	姤	遯	否	觀	剝	晉	大有
坤	復	臨	泰	大壯	夬	需	比

震	豫	解	恆	升	井	大過	隨
巽	小畜	家人	益	无妄	噬嗑	頤	蠱
坎	節	屯	既濟	革	豐	明夷	師
離	旅	鼎	未濟	蒙	渙	訟	同人
艮	賁	大畜	損	睽	履	中孚	漸
兌	困	萃	咸	蹇	謙	小過	歸妹

一、遊魂　歸魂　遊魂是死道。乾的遊魂是晉☲☷卦。就下卦而言，下卦的乾形，變而爲艮。就是變爲遊魂，而成死道。歸魂是生道。乾的歸魂是大有☲☰卦。坤變爲乾。就是變爲歸魂，而成生道。在占卜方面，遊魂、歸魂之用如下：占卜病人生死的時候，遇着遊魂，病人必死，遇着歸魂，病可痊愈。在占卜行人的

時候，遇着遊魂，行人不歸，遇着歸魂，行人必歸。

一、官鬼　前邊所說的官鬼二字，可以當作「政府」解釋。政府明白，是不赦罪人的。官鬼的鬼字，有鬼神的意味；是縱然對于輕微之罪，却也不肯饒赦的。

一、世應身　在易經裏的六十四卦中間，每一個卦，全可決定世、應、身，決定世、應、身的方法，須要依着左邊的規則。

△八純卦中，世在上爻。　△一世之卦，世在初爻。

△二世之卦，世在第二爻。　△三世之卦，世在第三爻。

△四世之卦，世在第四爻。　△五世之卦，世在第五爻。

△遊魂之卦，世在第五爻。　△歸魂之卦，世在第三爻。

其次，應爻是和世爻互相對應的爻，所以應和世的中間，隔開兩爻。

△世在初爻、則應在四爻。　△世在四爻、則應在初爻。

△世在二爻、則應在五爻。　△世在五爻、則應在二爻。

△世在三爻、則應在上爻。　△世在上爻、則應在三爻。

其次，身爻有二種，就是卦身和爻身。這個卦身，是在六十四卦裏決定的。

假定：五月之卦是地雷豫；那末，陰曆五月是午月，所以要在卦裏尋找午爻；看出第四爻是庚午，便可決定卦身是第四爻。若見該卦的六爻裏沒有這個月支，便可決定該卦沒有卦身。例如：澤雷隨是七月之卦，七月是申月；在隨卦的六爻裏，却不見申爻，所以隨卦沒有卦身。又如：地澤臨是十二月之卦，十二月是丑月；該卦的第三第四兩爻，全是丑爻，所以臨卦有兩個卦身。

每卦必有一個爻身，它的命法如左：

▽不論那一個卦，全是把初爻作爲子、午。

▽先看世爻的地支，然後把地支從初爻數向上爻，數到世爻的地支爲止；該支所止之處，就是爻身。

子1.丑2.寅3.卯4.辰5.巳6.午7.未8.申9.酉10.戌11.亥12.

巳亥	辰戌	卯酉	寅申	丑未	子午
上	五	四	三	二	初

△子午世，身在初爻。　△丑未世，身在二爻。　△寅申世，身在三爻。

△卯酉世，身在四爻。　△辰戌世，身在五爻。　△巳亥世，身在六爻。

例如：澤山咸卦，三世申支。初爻爲午，二爻爲未，三爻爲申；這個三爻，就是爻身。所以咸卦之中，世和身同位。又如：風雷益卦，世支爲辰；初爻爲子，二爻爲丑，三爻爲寅，四爻爲卯，五爻爲辰；所以益卦之中，五爻是爻身。其餘各卦的爻身，可以類推。在占卜方面，是把世爻當作自己，應爻當作他人。

一、體用　在占筮方面，若是上卦的三爻中間有動爻，那末，上卦爲用，下卦爲體。倘若下卦的三爻中間有動爻；那末下卦爲用，上卦爲體。體和用卦、互卦、變卦等相生，則吉；體被用卦、互卦、變卦等所尅，則凶。又在這個時候，把體卦當作占卜之主，把用卦當作占卜的事件。

一、六神　六神又名六獸，可以列舉如左：

一、青龍　二、朱雀　三、勾陳　四、螣蛇　五、白虎　六、玄武

把六神分配五行的方法如左：

青龍木　朱雀火　勾陳土　螣蛇土　白虎金　玄武水

占卜的時候，應用六神的方法，是把占日的十干，放在卦之下，作爲初爻，從此數起，依次把六神分配在六爻上。

（例一）甲乙之日	玄武	白虎	螣蛇	勾陳	朱雀	青龍
	（上爻）	（五爻）	（四爻）	（三爻）	（二爻）	（初爻）

（例二）丙丁之日	青龍	玄武	白虎	螣蛇	勾陳	朱雀
	（上爻）	（五爻）	（四爻）	（三爻）	（二爻）	（初爻）

六神之用，可以觀察一切物之性情；現在分成各項，說明如左：

（一）青龍　爲多仁之神。○遇用神而動，則吉。○遇仇神，忌神而動，則不利，或有酒色之災。若變動而用神甚盛，則得富有金錢之妻，又有增加俸祿之喜。臨日辰月建而動，六與前同。○占家宅之事，青龍在妻財爻，旺相而盛，則爲致富之象。○占卜尋人之事，用神不動而世爻尅青龍，則可向戲館或酒店尋得。

(二)朱雀　在兄弟爻而動，則有口舌。○臨日辰月建而動，則諸事均吉。○動而生新卦，或世爻生用神，則吉，又可獲得文書之類。○午爻遇官鬼而動，則有火災。化爲水爻則無災。

(三)勾陳　動而生用爻則吉。○動則田地無憂。○土爻遇官鬼，則吉。○勾陳遇空亡，則田中無收獲。臨忌神則艱難困苦。○強盛而尅世，則公事有阻碍。○占病爲浮腫之類。

(四)螣蛇　日辰月建臨之而動，則怪事多。○爲一切怪異之事，又爲驚駭之事。○爲怪夢陰魔之類。○遇官鬼而尅用爻，則多憂。○臨寅卯之爻而遇空亡爲日辰所冲，則凶。臨寅卯之爻，刑剋卦身世爻用神，則有自縊之事。

（五）白虎　動則有喪事。○日辰月建臨之，則破財。○占官途或疾病，白虎動則凶。○生用神則吉。○臨申酉之爻，動而剋用神，則有受世人批評之事。臨巳午之爻而生卦身世爻用神，則吉。○白虎爲血神，故占生產而見白虎動者吉。○爲勇猛好殺之神。

（六）玄武　動則多暗昧之事。○臨官鬼而動，則有盜賊之患。若生世爻，則盜賊之患可免。○臨仇神忌神而動，則有奸盜之事。○臨日辰月建，則有內亂。○臨官鬼，世爻不動而生之，則與小人交而無害。

日＼爻	上爻	五爻	四爻	三爻	二爻	初爻
甲乙	玄武	白虎	螣蛇	勾陳	朱雀	青龍
丙丁	青龍	玄武	白虎	螣蛇	勾陳	朱雀
戊	朱雀	青龍	玄武	白虎	螣蛇	勾陳
己	勾陳	朱雀	青龍	玄武	白虎	螣蛇
庚辛	螣蛇	勾陳	朱雀	青龍	玄武	白虎
壬癸	白虎	螣蛇	勾陳	朱雀	青龍	玄武

八、旺衰　一切的卦爻，全可依據春夏秋冬四時，分出旺相休囚死來。旺有盛和王的意義。相有輔和宰相的意義。休是功成名遂，退而休息的意義。囚

是尅旺而捕之的意義。死是旺被尅被殺的意義。例如春行木令，所以震巽之卦和寅卯之爻爲旺，木生火，所以離卦和巳午之爻爲相。

乾兌之卦及申酉之爻，和時令相反，而不能活動，所以爲囚。水生木，坎卦及亥子之爻，已生時令而休息，所以爲休。木尅土，艮坤之卦及丑辰未戌之爻，被時令所尅，所以爲死。休、囚、死三種，或是不能活動，或是休息，或是被尅；所以這三種全叫做衰。用通俗的言語解說起來，就是木盛于春季；夏季已經成功，所以休息；四季得囚旺之力，秋季則旺被尅，冬季相旺。

火盛于夏，四季則功成而休息，秋季則得囚旺之力，冬則旺被尅，春則相旺。其餘土金水的旺衰，可以參看下圖而知。

時令＼配置	旺	相	休	囚	死
春	木	火	水	金	土
夏	火	土	木	水	金
四季	土	金	火	木	水
秋	金	水	土	火	木
冬	水	木	金	土	火

一、空亡　空亡有幾種，可用左法之一。

先在曆本上調查甲的某日。

△從甲子之日，到癸酉之日，十日之間，戌爻亥爻爲空亡。

△從甲戌之日，到癸未之日，十日之間，申爻酉爻爲空亡。
△從甲申之日，到癸巳之日，十日之間，午爻未爻爲空亡。
△從甲午之日，到癸卯之日，十日之間，辰爻巳爻爲空亡。
△從甲辰之日，到癸丑之日，十日之間，寅爻卯爻爲空亡。
△從甲寅之日，到癸亥之日，十日之間，子爻丑爻爲空亡。

例如：占卦地山謙，得于丙辰之日，則該旬實屬于甲寅，子爻丑爻爲空亡；調查謙卦第四爻癸丑爲土之父母。此第四爻卽爲空亡。又如戊申之日，得水風井卦；則在甲辰之旬中，寅爻與卯爻爲空亡。然而井卦無寅卯，所以飛神不見空亡；惟用伏神第二爻庚寅爲木之兄弟。此第二爻可視爲空亡。其餘各卦，以此爲準。用神所必需者，吉利者，有生氣者，均忌空亡。有凶惡之尅氣者，有泄氣者，見空亡則可喜。現在表解如左：

	甲子	甲戌	甲申	甲午	甲辰	甲寅
	乙丑	乙亥	乙酉	乙未	乙巳	乙卯
	丙寅	丙子	丙戌	丙申	丙午	丙辰
	丁卯	丁丑	丁亥	丁酉	丁未	丁巳
	戊辰	戊寅	戊子	戊戌	戊申	戊午
	己巳	己卯	己丑	己亥	己酉	己未
	庚午	庚辰	庚寅	庚子	庚戌	庚申
	辛未	辛巳	辛卯	辛丑	辛亥	辛酉
	壬申	壬午	壬辰	壬寅	壬子	壬戌
	癸酉	癸未	癸巳	癸卯	癸丑	癸亥
空亡	戌亥	申酉	午未	辰巳	寅卯	子丑

二、九星術　九星術中，有「天盤」如左：

巽宮◐九	離宮◐五	坤宮◐七
震宮○八	中宮●一	兌宮○三
艮宮◐四	坎宮●六	乾宮◑二

依據人的年、月、日、時便可建定本宮（卽中宮。）占卜時候的四盤，就是年盤、月盤、日盤、時刻盤；把它嵌在前邊所記的天盤圖裏，比較研究，便可加以判斷。

三、天源術　淘宮術　天源術是把十干十二支，分配人的天賦的性質，而加以判斷的方法。這種方法，是起于太古伏羲神農時代，成于禹王之手。老、莊、孔、孟，亦以天源術爲基礎，而說道德。這種天源術，只知人類天賦的運命；對于該運命，並無開拓變化，轉禍爲福之法。後世的道家，改良天源術，又發明變化人類氣質的方法，名爲淘宮術。

四、四柱推命之學　這是用生年月日時的干支，占卜運命的方法；唐朝李虛中發明此法之後，宋朝徐公外又把此法著作成書，名爲淵海子平。

五、人相　手相　骨相　人相和手相，就是相面和相手的法術；這兩種法術，是從中國古時傳下來的；星相家往往把這兩種法術，和易經占卜法混合併用，判斷人的性質命運。骨相是有西洋的相骨法，和中國古時傳下來的摸骨相法兩種。星相家在判斷易經占卜法的時候，也有混用骨相法的事情。

六、其餘又有墨色判斷，姓名判斷，星術占等，各種占卜方法，星相家往往把此等占法，利易經占卜法，混合併用。

○實際問題方面之應用解釋

一、關于實際問題解釋之注意　在實際問題的解釋方面，用純粹的易經理論的時候頗少，用五行易九星術等理論的時候較多；所以欲用易經占卜法，解釋實際問題的人，須要先研究五行易九星術等的理論；對于五行相生相尅之理，五親世應身八宮六神體用旺衰空亡等，須要記得十分純熟，以便應用；倘若只依據易經的理論，便難爲滿意的判斷。

一、占卜事情，決定中心之爻之法　占卜某種事情，得着一個卦之後，須要依據占卜事情和人物，決定中心之爻；這種事情在占卜的判斷方面，是非常重要的。習易經占卜的人，把中心之爻叫做「用神」，作爲一個卦裏的主體。這個用神的規則如左：

▽父母爻　占卜父母翁姑等尊親的時候，把父母爻作爲用神。其餘文

書、飲食，以及日用生活必需的物品，也是把這個爻作爲用神。因爲父母爻是生我的，所以在這個時候把它作爲用神。

▽子孫爻　占卜子孫等卑親的時候，把子孫爻作爲用神。占卜醫藥的時候，也是把這個爻作爲用神。

▽妻財爻　占卜婦女的時候，把妻財爻作爲用神。占卜奴婢財產等的時候，也是把這個爻作爲用神。

▽官鬼爻　占卜夫、君、長官、疾病、盜賊、訴訟、審判聽等事，把官鬼爻作爲用神。

▽兄弟爻　占卜兄弟、朋友、伯叔父等，全是把兄弟爻作爲用神。

一，決定過去、現在、未來之法　占筮得卦之後，又要決定過去、現在、未來的事情。它的方法有幾種，現在列舉如左：

一、以本卦爲過去，之卦爲現在。
一、以本卦爲現在，之卦爲將來。
一、以本卦爲過去，之卦爲將來。
一、以本卦及之卦爲將來。
一、以本卦及之卦爲過去。
一、以本卦及之卦爲現在。
一、以本卦爲現在，互卦爲占事中間之時，變卦爲占事以後之時。
一、以內卦爲現在，外卦爲將來。
一、以順卦（從上方數到下方之卦）爲過去，逆卦（從下方數到上方之卦）爲將來。

一、應用生卦諸法，使用以本卦爲中心，而表示過去與將來的生卦範圍圖；使用此圖的時候，以本卦爲現在，右爲過去，左爲將來。

一、區別自己與他人之法　區別自己和他人的方法也有幾種如左：

一、把內卦作爲自己，外卦作爲他人。

一、把內卦的第二爻作爲自己，外卦的第五爻作爲他人。

一、把主封之主，或是成卦之主作爲自己；又把應此之應爻，作爲他人。

一、把初爻作爲自己，把對此之第四爻作爲他人。

一、把世爻作爲自己，把應此之應爻作爲他人。

一、用八卦而知月之法　不用之卦，只用本卦的時候，是把每一爻作爲兩個月；把初爻作爲正月和二月，把第二爻作爲三月和四月，把第三爻作爲五月和六月，把第四爻作爲七月和八月，把第五爻作爲九月和十月，把第六爻作爲十一月和十二月。又在倂用本卦和之卦的時候，是把每一爻作爲一個月。還有一種方法，是把本卦和之卦的各爻裏面，分配一月到十二月。

一、用八卦決定方位之法　依據文王八卦圖，或是伏羲八卦圖，便可決定方位。文王八卦圖如左：

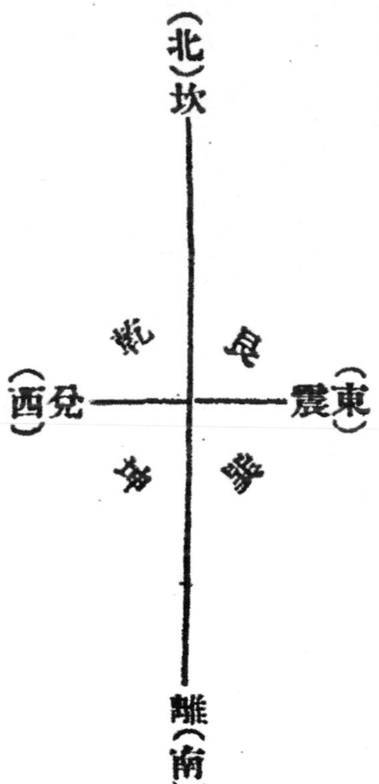

文王八卦圖

一、用八卦決定時刻之法　用八卦決定時刻的方法如左：

乾　夜　八時——十二時　巽　朝　八時——十二時
兌　午後　六時——八時　坎　夜　十二時——二時
離　晝　十二時——二時　艮　夜　二時——六時
震　朝　六時——八時　坤　晝　二時——六時

一、用八卦決定數目之法　其法如左：

乾　四、九　兌　四、九　離　七、二　震　三、八
巽　三、八　坎　一、六　艮　五、十　坤　五、十

一、用八卦決定顏色之法　其法如左：

乾　白　兌　白　離　赤　震　青

巽青　坎黑　艮黃　坤黃

一、用八卦定人姓名之法　其法如左：

乾　姓名中間，有金的文字，或是有「坑肯孔枯」等聲音的人。

兌　姓名中間有金的文字，或是有「桑生松蘇」等聲音的人。

離　姓名中間，有火的文字，或是有「杭亨烘胡」等聲音的人。

震　姓名中間有山或草木等文字，或是有「曩能濃奴」，「陽應融尤」等聲音的人。

巽　姓名中間，有草、木、山等文字，或是有「曩能濃奴」「陽應融尤」等聲音的人。

坎　姓名中間，有水字或水傍之字，或是有「忙門蒙摩」等聲音的人。

艮　姓名中間，有土的文字，或是有「盎恩翁烏」等聲音的人。

坤　姓名中間，有土的文字，或是有「湯吞通圖」等聲音的人。

一、知各爻之月之法　判斷六十四卦裏各爻之月的方法如左：

△世爻是陽爻的時候，把初爻作爲十一月，向上數到世爻爲止。

初世十一月　二世十二月　三世正月　四世二月

五世三月　上世四月　遊魂二月　歸魂正月

△世爻是陰爻的時候，把初爻作爲五月，向上數到世爻爲止。

初世五月，二世六月，三世七月，四世八月，五世九月，上世十月，遊魂八月，歸魂七月。

正月爲寅月，二月爲卯月，三月爲辰月，四月爲巳月，五月爲午月，六月爲未月，七月爲申月，八月爲酉月，九月爲戌月，十月爲亥月，十一月爲子月，十二月爲丑月。

一、判斷流年運氣之法　假定在占筮的時候，得着風雷益卦。二爻有變化。那末變爻之後，得着變卦（即之卦）風澤中孚。把這個變卦，作爲正月之卦；把已經變過的二爻作爲正月；改變三爻（陰變爲陽陽變爲陰）作爲二月；改變四爻，作爲三月；改變五爻作爲四月；改變上爻作爲五月；改變初爻，作爲六月；其餘七月是變過的二爻，八月是變過的三爻，九月是變過的四爻，十月是變過的五爻，十一月是變過的上爻，十二月是變過的初爻。把一年中間的十二個月，分配在各爻上之後，再觀察某月吉，某月凶，某月是應當注意之月。照着這樣，便可判斷一年中間各月的運氣。

一、判斷事物吉凶之法　占卜事物的吉凶，有種種判斷的方法。最普通的方法，是依據本卦和之卦中間，體用相生相尅之理，而加以判斷之法。其次，是依據上卦下卦五行相生相尅之理，而加以判斷之法。又其次，是依據五觀的相生相尅之理，而加以判斷之法。現在把依據體用相生相尅之理，而爲判斷的方法，記述如左：

△體用和者吉，本卦之卦體用均和者大吉。

△用生體者吉，本卦之卦均爲從用生體者大吉。

△用尅體者吉，本卦之卦均爲用尅體者大吉。

△體生用者半吉，此名泄氣，又名漏氣。

△體尅用者半吉半凶。

△體爲我，用爲彼；體爲主，用爲客；均須考察時氣之關係。

一、知他人心情之法　觀察敵情，欲知彼我之勝負、得失、安危等事的人，可以使用這種方法。占卜遠方人安否，也可使用此法。又在和別人談論事情的時候，欲察彼我之意思，而知其形勢，可以使用左邊所記的內外卦向背法。

賓主對向

內卦（我）	外卦（彼）
△主爲咸卦（艮，土）。	△賓爲恆卦（震，木）。
△固守己說。	△頑固而不動。
△頑強不屈。	△強硬而不屈。
△勉強向彼解說。	△有避人之意。
△悅而容人之言。	△優柔不斷，違背人言。
△明察而不容人之言。	△忽諾忽背，反覆無常。
△虛言僞諾。	△明白人言而無決斷。

䷲
△勇進而求他人。
△勇進而容納他人之言。
△意志頑固，而不能容納人言。
△傲而不能容人之言。

䷸
△背彼而言他事。
△不能決斷。
△喜而容納外界之誘惑。
△屢言他事。

䷜
△因言語困難，而拒絕外界之誘惑。
△使彼爲難，而不容納彼人之言。
△使人爲難，不容納人言。
△使人憤怨，而拒絕其言。

䷳
△以戀頑而墨守舊法。
△既不求人，又不從人。
△能開誠公佈，容納人言。
△勇往而能求人。

䷁
△不得要領。
△勉強從彼之言。
△勉強容納人言。
△不得要領。

一、運氣及身體之判斷法　占人一生吉凶的時候，以體卦爲其人，以用卦爲人事之應。從體生用，則爲萬事漸失之非；從用生體，則爲進而有益。體剋用則諸事吉，用剋體則諸事凶。體用比和，則諸事順利。

○乾卦爲體，則公門之中，可以掌權，或是功名成就，升官位，得財寶，訴訟勝，有富貴之壽。占老人之事者，可得尊長之恩惠。

○坤卦生體則因地房屋等均吉。或在田上得財，或得鄉人及女人之利，或有得米、大豆、麥、粟、綵、布等之壽。

○震卦生體，則有山林之益，或在山林上得財，或得東方人之利。或因勢動而有壽，或買賣木材而獲利。或因遇姓名上有草木字樣（或有草冠木傍等字樣）之人，而諸事如意。

○巽卦生體，則有山林之利。或在山林中得賊，或在東南方得利，或在草木上得利，或有得水果蔬菜之壽。

○坎卦生體則得水邊人之財，或獲北方之利，或因遇姓名有水字（或水傍文字）之人，而諸事如意。或賣魚、鹽、酒、酢、醬油、油類而獲利。或有得魚、鹽酒之喜。

○離卦生體，則獲南方之利，或得姓名有事火字（或火傍文字）之人之財。或有文書之喜。爲鍛冶之事大吉。

○艮卦生體，則獲東北方之利，或在山林田地上得利，或得姓名上有土字（或土傍文字，或爲有「盎恩翁烏」「王温洪無」「陽應融尤」等音之文字）之人之財。

○兌卦生體，則獲西方之利，或有喜悅之事。或以飲食送人。或因遇姓名有金字（或爲金傍文字，或爲有「桑生松蘇」等音之文字）之人，而有喜慶之事。或有主客歡樂，朋友講習之喜。

○乾卦剋體，則官有削職之患，或爲一家之憂。或失財寶，或損金銀米穀。

或受尊長之責，或蒙貴人之罰。

○坤卦剋體，則田地有損。或受卑下者之害，或蒙女人之災，或有損失布綿米穀麥粟等之事。

○震卦剋體，則有虛驚，常多恐怖之事。或有使身心不能安靜之事，或在家中見妖火，又有凶事。或被姓名有草木文字（或爲草冠木傍之字）之人所侵犯，或有關于山林之損失。

○巽卦剋體，則將受姓名有草木文字（或爲草冠，木傍等文字）之人之害。關于山林和坟塚之事，必有憂患；與人接洽諸事，不可在東南隅；又在家居之時，須防女人口舌之禍。

○坎卦剋體，則職位頗高之人，將降至卑下之位；富貴之人，將變爲貧窮，又有盜賊之憂。或受姓名有水字（或爲水傍文字）者之害，或受水邊水之害，或酒後生災，或受北方人之殃。

○離卦剋體，則有因文書而受害之事，或有南方之憂。或有火災。或受姓名有火字（或爲火傍文字）者之害。

○艮卦剋體，則進行困難，謀事中途有阻。或在山林田地方面受損失，或被姓名有土傍文字之人所欺。或有東北方之禍害。或有坟墓之憂。

○兌卦剋體，則有西方之損，口舌之爭。或受姓名有口傍文字者之侮。或有事物破壞之憂。若不逢相生相剋之卦氣，則當用本卦判斷吉凶。

欲知身體上的事情，須要觀察所得之卦的世應。妻財遇世爻而動，則其人無父母。世爻之妻財空亡，則其人幼離父母，爲他人之養子。兄弟遇世爻而無妻財之爻，則其人無妻。妻財遇空亡，則有二次娶妻之事。父母之爻遇世爻而動，無子孫之爻（或有子孫爻而遇空亡）則無子息。官鬼遇世爻而動，無兄弟之爻（或有兄弟爻而遇空亡），則其人無兄弟。

下卦為巽，則為心術不正之人；下卦為坎，則為多智巧之人；下卦為震，則為常有憂愁之人；下卦為坎則為心中安泰之人；下卦為離，則為聰明正直之人；下卦為兌則為常多喜悅之人；又為言詞佳良之人；下卦為乾坤，則為慈善之人。

一、男女兩性之關係及結婚吉凶之判斷法　此法有數種，其標準之大要如左：

（一）把內卦的第二爻，作為自己；把外卦的第五爻，作為對于自己的男或女；觀察這兩爻，便可決定男女兩性，是否和睦。這兩爻不相應，便是男女不和；兩爻相應，而三四兩爻裏有陰陽之比爻，夾在二五兩爻中間，便是男女兩性之間，有障碍物。必須二五兩爻相應，三四兩爻裏沒有陰陽比爻，方才可以決定男女兩性是和睦的。屯、漸、睽、同人、家人、既濟等卦的六二之陰，全是和九五之陽相應的。

上邊所說的是原則，然而也有例外如下：

小畜的九三之夫，和六四之婦；大過的九五之夫，和六二之婦；漸的九三之夫，和六四之婦，全是比而相應；震的上六之婦，和九四之夫，不相應而為夫婦；歸妹的上六和六三，困的六三和上六，兩爻陰而為夫婦；蒙的九二，為陽而兼在妻位；小畜的上九，歸妹的初二、四各爻，全是陽爻而有女性之象。

在五行易方面，是依據相生相剋之理，判斷男女兩性的關係，和結婚的吉凶。

（二）判斷男女兩性的關係，又有別法如下：依據九星和五行，判斷兩性的關係，是把求占卜之人的九星，分配五行；依據五行相生相剋之理，決定它的吉凶。

九星配五行圖

木	火	土	金	水
三碧 四綠	九紫	二黑 五黃 八白	六白 七赤	一白

五行生剋吉凶圖

大吉	大凶	中吉
木與火	木與土	木與木
火與土	火與金	火與火
土與金	土與水	土與土
金與水	金與木	金與金
水與木	水與火	水與水

一、男女美醜之判斷法　在男女將要結婚，或是招婿養子的時候，若欲借着占卜判斷美醜，可以使用這種方法。在男子方面，以體卦爲男，用卦爲事；在女子方面，以體卦爲女，用卦的事。體剋用則結婚吉，用剋體則凶，用生體則結婚成，體生用則難成，且有受恥辱之事。體用比和則將來可以成功。又在六十四卦中間占得之卦的相生相剋如下：先以世爻爲男，身應爻爲女。世爻和應爻相生則大吉，男女全能長壽；世爻剋應爻，或應爻剋世爻，則事難成；就是勉强成就，却也不吉。世爻與應爻比和，則大吉。世爻遇財爻，妻必死；得遊魂之卦，則男女分離。又可以世爻爲媒妁。世爻爲陽爻，則媒人爲男；世爻爲陰爻，則媒人爲女。妻財遇金爻，則女子爲美人；妻財遇木爻，則女子甚瘦；妻財遇土爻，則女子頗胖；妻財爲火爻，則女子之髮爲黃赤色；妻財遇火爻，則爲聰明之女。

在本卦六爻中間，若無子孫爻；則成爲夫婦之後，必無子息。男子的美醜，可以依據官鬼爻的五行，加以判斷；判斷的方法，也和上邊所說的相仿

一、姙娠之判斷法　此法以體卦爲母，用卦爲產生之子女。體用和時節的關係，旺者吉，衰則凶。體用相剋者凶，體剋用者子死，用剋體者母死。體剋用而用卦盛者子不死，衰則子死；用剋體而體卦盛者母不死，衰則母必死。

體用比和者，母子均健全；用生體者正產，體生用者生子强壯。欲知生出來的是男是女，須要觀察卦和爻的陰陽；在體卦，用卦，互卦，變卦中間，陽卦陽爻多的是男，陰卦陰爻多的是女。陰陽相等的時候，須要觀察在座的人數；偶數爲男，奇數爲女。

一、住宅吉凶之判斷法　此法以體卦爲主，用卦爲家屋。體剋用則家屋

吉，用剋體則凶。體生用則有損失，或有盜賊之患。用生體則有利益，或有受恩惠餽贈之喜。體用比和，則家宅安穩。

家宅的判斷方法，是把初爻作為井戶，二爻為灶，三爻為床，四爻為居室，五爻為人，六爻為屋頂及牆壁。官鬼在四爻則有災害口舌。世爻在二爻或初爻，則大吉。風火家人，和風雷益等卦，全是大吉之卦。身爻在三爻或四爻，則當守舊。天澤履，和雷風恆等卦，全是如此。世爻剋應爻，則大凶。水澤節之卦是也。世應兩爻相生，則有喜慶。雷地豫之卦是也。螣蛇在木爻，則其家有縊死之人。玄武在身爻，其家必有溺死者。又可以下卦三爻為宅，上卦三爻為人。宅剋人者，其家多病人；人剋宅者，可以成家立業。下卦旺者，房屋多；上卦旺者，家中人多；得遊魂之卦，則居處不定，遷徙頗忙。

一可否遷居新宅之判斷法　此法以體卦爲主，用卦爲家。體剋用則守舊吉，用剋體則守舊凶。體生用則損失名望；用生體，則門庭如市；體用比和，自然安樂。下卦旺而上卦爲體，則遷徙大凶；官鬼爻變，則遷居吉。

一、可否買賣之判斷法　此法以體卦爲商人，用卦爲商品。體用比和，買賣順利；體剋用，則買賣難成，或成而有損失。用剋體，則買賣成，可得利益。用生體，則買賣易成；體生用，則買賣遲滯。

一、財產得失之判斷法　此法以體卦爲主，用卦爲財。體生用，則貨財難得；縱令獲得，亦有損失。用生體，則貨財可得，頗有利益。體尅用者，必得財寶。用尅體者，不能得財。體用比和，能得財寶，諸事如意。

一、可否希望之判斷法　此法以體卦爲懷抱希望之人，用卦爲希望之對象物。體生用者多勞而少效；用生體者，勞心少而成功。體用比和，則希望完全成功。體尅用，則成就遲。用尅體則功雖成，縱令成功亦有損害。

一、旅行吉凶之判斷法　此法以體卦爲旅行之人，用卦爲目的地。體生用，則旅行有損失。用生體，則旅行可得意外之財。用尅體，則旅行凶，不可出發。體尅用，則可出發，萬事如意。體用比和，財行止均吉。體卦爲巽，則乘船旅行吉。體卦爲兌，則途中宜防爭論。體卦爲離，則陸行吉。

一、待人之判斷法　此法以體卦爲待人之人，用卦爲行人。體剋用，則行人歸遲；用剋體，行人不歸。用生體，則行人速歸；體生用，則行人未歸。體用比和，則行人歸來之時，必較預定之期早。

一、能否會見他人之判斷法　欲訪問他人，而占卜能否會見，可以使用判斷法如下：以體卦爲行人，用卦爲欲會見之人。體生用，則會見難；縱令勉強會見，亦無益處。用生體，則能會見，且因會見而得益。體用比和，則相見之後，彼此喜悅，雙方有益。體剋用，則會見吉；用剋體，則會見難。

一、訴訟勝敗之判斷法　此法以體卦爲求判斷之人，用卦爲訴訟之對方之人。體用比和者吉，有人扶助，可得滿意之結果。體剋用者吉。體卦遇四季旺時者吉。用卦遇四季衰時者吉。用生體者吉。體剋用則勝，用剋體則負，且有被人疑惑之事。用生體，則勝而得利頗多。

一、行人吉凶之判斷法　此法以世爻爲家人，應爻爲行人。或以上卦爲家人，下卦爲行人。飛神伏神相剋，則行人不歸；比和則行人自然歸來。世爻剋應爻，行人雖離家而不能遠行。又在上卦三爻之中有變爻，則行人遠去而難尋。

一、盜賊及盜賊所居方位之判斷法　盜賊之判斷法，以失物之卦之觀察法爲準。官鬼在金爻，則盜賊爲西北之人；官鬼在木爻，則盜賊爲東方之人。官鬼在二爻，則盜賊爲隣家之人；官鬼在初爻，則盜賊爲家內之人。子孫爻變，則失物可以尋回。六爻之中無官鬼，則物係自己失去，而非被人盜去。上卦爲乾，則盜在西北；上卦爲坤，則盜在西南；上卦爲震，則盜賊在東；上卦爲坎，則盜賊在北；上卦爲離，則盜賊在南；上卦爲艮，則盜賊隱于東方。

一、失物能否尋得之判斷法　此法以體卦爲失物之人，用卦爲失去之物。體剋用時，失物之尋得頗遲；用剋體時，失物不能尋得。體生用，則失物難尋；用生體，則失物容易尋得。體用比和，則失物係忘記放在某處，當時雖然不尋，後日亦可取得。變卦表示失物之所在；變卦爲乾卦，失物在西北方；變卦爲坤卦，失物在西南方；變卦爲震卦，失物在東方；變卦爲坎卦，失物在北方；變卦爲離卦，失物在南方；變卦爲艮卦，失物在東北隅；變卦爲兌卦，失物在西方；變卦爲巽卦，失物在東南隅。

一、入學試驗是否及格之判斷法　以體卦爲求占卜之人，用卦爲其學業。體用均旺者吉衰則不吉。又可依據五行之理，相生者吉，相剋者不吉。體剋用，則試驗及格可以入學；用剋體，則試驗落第，不能入學。體用比和者吉，用生體者凶，體生用者吉。又在本、互、變三卦之中，乾卦多者，從西北方之師；坤卦多者，從西南方之師；震卦多者，從東方之師；巽卦多者，從東南方之師；坎卦多者，從北方之師；離卦多者，從南方之師；艮卦多者，從東北方之師；兌卦多者，從西方之師。

一、決定職業之法　決定職業，須考察本、變、互三卦；其中乾卦多者，爲官吏、政治家、宗教家、教師。坤卦多者，爲農業、牧畜、政治家、教師。震卦多者，爲音樂師。巽卦多者，爲僧侶、道士。坎卦多者，爲釀造家、航海家，及與水有緣之職業。離卦多者爲天文學家、學者、軍人、及其他與火有緣之職業。艮卦多者，爲漁業、商人，及與山有緣之職業。兌卦多者，爲音樂家、俳優、藝術家、學者。

一、知貨物市價高低之法　所得之卦（卽本卦），陽爻變爲陰爻，而生成「之卦」（卽變卦），則市價降低。本卦之陰爻變爲陽爻，而生成「之卦」，則市價升高。又在五行易方面依據五行相生相剋，及體用相生相剋之理，亦可判斷貨物市價之高低。

△研究易學之參考書

關于易學的參考書很多；但是，所有從前易學的參考書，不是訓詁註解的書籍，就是賣卜人的通俗之本；至于用科學的方法說明易學之書，卻是一本也沒有。研究易學的人，若欲在看了本書之後，參考關于易學的書籍，那末，所記的書，可以供學者參考。

一、程頤川　易傳　一、朱子　周易本義　一、清朝康熙年間御纂　周易折中　一、清朝乾隆年間御纂　周易述義　一、黃宗義　周易象數論
一、惠棟　周易述　一、張惠言　虞氏義　一、李氏　易集解　一、黃道周　易象正　一、何楷　周易訂詁　一、宗沉該　易小傳　一、毛奇齡　仲氏易　一、李郝敬　周易正解

○易經之獨自占卜法

△求卦之方法

一、略筮法

（甲）取本卦法　把五十根筮竹，放在兩手心裏搖動之後，取出一根，放在筆筒裏；又把其餘的四十九根，無心的分成兩份。把兩份裏的任意一份，每八根一數；依據數剩的筮竹之數，便可得着下卦。

剩一根爲乾☰　剩兩根爲兌☱　剩三根爲離☲　剩四根爲震☳

剩五根爲巽☴　剩六根爲坎☵　剩七根爲艮☶　剩八根爲坤☷

再照着上邊的方法，數筮竹之數，所得的卦，便是上卦。把上下兩卦重在一處，便得重卦。依據這個重卦，便可判斷現在的事情。

(乙)取變卦(即之卦)法　把五十根筮竹，放在兩手心裏搖動之後，取出一根，放在筮筒裏。把四十九根筮竹無心的分成兩份。把任意的一份，每六根一數；依據剩餘的筮竹之數，便可決定某爻變化。例如：剩餘筮竹一根，便是最下的初爻變化；剩餘二根，便是第二爻變化；剩餘三根，便是第三爻變化；剩餘四根，便是第四爻變化；剩餘五根，便是第五爻變化；剩餘六根，便是上爻變化；本來是陽爻，要變爲陰爻；本來是陰爻，要變爲陽爻。某爻變化之後，便可得着變卦。依據這個變卦，便可判斷未來之事。

二、擲錢占卜法　取銅元(或小銀元)六枚，放在兩手心裏搖動之後，依次排列在桌上，觀察它的面和背；把錢面當作陽，錢背當作陰；依着六個錢的

面陽背陰，便可得着本卦。其次，閉着眼睛，用手無心的指定排好的六個銅元之一；再張開眼睛，看是第幾個銅元被手指着，便可決定第幾爻變化着得變卦（卽之卦）。例如本卦是天火同人䷌，被手指定的是最上的一個銅元；那末，變卦是澤火革䷰。

六十四卦一覽表

䷀	乾爲天	（第一九七頁）
䷁	坤爲地	（第二〇〇頁）
䷂	水雷屯	（第二〇三頁）
䷃	山水蒙	（第二〇六頁）
䷄	水天需	（第二〇九頁）
䷅	天水訟	（第二一二頁）
䷆	地水師	（第二一五頁）
䷇	水地比	（第二一七頁）
䷈	風天小畜	（第二二〇頁）
䷉	天澤履	（第二二三頁）
䷊	地天泰	（第二二六頁）
䷋	天地否	（第二二九頁）
䷌	天火同人	（第二三三頁）
䷍	火天大有	（第二三六頁）
䷎	地山謙	（第二三九頁）
䷏	雷地豫	（第二四二頁）
䷐	澤雷隨	（第二四五頁）
䷑	山風蠱	（第二四七頁）

乾爲天

乾上
乾下

五行	爻	世應	六親
土	⚊	世	父母
金	⚊	身	兄弟
火	⚊		官鬼
土	⚊	應	父母
木	⚊		妻財
水	⚊		子孫

四月卦　春吉　夏凶　秋平　冬吉

䷀乾爲天（全卦之解）此卦六爻均連，純陽圓滿；重三連之乾，爲六十四卦之首；天之運行，剛健不息。在道爲天道，在德爲聖德，在事爲大事，爲動作，在人爲大人，爲君父爲尊貴。乾爲六十四卦之首，元亨利貞爲六十四卦所通用；六十四卦之元亨利貞，皆爲乾之道。悔吝凶咎者，失其爲乾之道也。女子得此卦，則有過于剛直之嫌。應注意之。文王于彖辭中，亦謂：「元亨利貞，爲乾之四德。」第一德爲元，元者善也，亦卽善之道也；亨爲心無障碍而順遂；貞爲守中正而心不變；利者良也，卽亦萬事皆良也。此卦，天子行政以仁，以善，以中正，而有天行之健。此卦居最高之位，必須注意。

（各爻之解）此卦，通觀六爻，則初爻雖有爲龍之才，然而未逢其時，進而不能成事。二爻已達可進之時，應九五之大人；各以陽德相應，非陰陽相親也。三爻更近上位而在下，居上下之際，頗有思慮之勞。至四爻，則五爻之盛運將來；雖能察上下之情，審進退之機，將待時而動，然而尙未决定。至五爻，則氣運大盛，百事可成，正在乘機得位之時。上爻則乾之氣運既已過去，宜速退而勉爲无悔之事。九二有見大人之良機者，由于初九有確乎不拔之志操；九三之无咎者由于九二之謹愼不伐；九四之无咎者，由于九三之乾惕若；九五之利見大人者由于九四之能疑善審。是故積功累行在于人，成德達材在于天，讀易者不可不知也。

（占）天時大旱至秋而雨，又有晝晴夜雨之象。○家宅不安，移居去國之類不利。○身體勤勉不息，進德修業則吉。○婚姻吉，女子美而端正；惟須防媒妁從中作梗。○訴訟可以和解。○盜賊難尋，或隱于山林。○失物可得，宜往西南方或木石之間覓之。○尋人宜往西方，經八九日則歸。○出門獨行不利，宜與人同行。○待人遲到，過十日可來。○交易賣物得利。○疾病精氣虛耗，或爲氣逆，成爲浮腫，重病則死。○希望急難成就，進有悔，退無災，然而進退遲滯則失時。○女子得此卦，則有過于剛強之嫌，宜愼之。

變卦

初爻變 占病者凶，官事初凶而後吉。求財得，婚姻吉。

二爻變 求財可得，訴訟與病凶，其餘諸事皆吉。

三爻變 與人共事，可和而成；占病則死，有兄弟則福來；求財可得。

四爻變 婚姻吉，災患消滅，失物可以覓得，謀事可以成就。

五爻變 萬事如意，旅行，出門，皆大吉。

六爻變 失物難尋，官事吉，求財可得，婚姻大吉。

坤爲地 坤上 坤下 十月卦

子孫	⚋	金	世
妻財	⚋	水	
兄弟	⚋	土	身
官鬼	⚋	木	應
父母	⚋	火	
兄弟	⚋	土	

春吉 夏凶 秋平 冬凶

☷坤爲地（全卦之解）此卦三偶六斷，重純陰虛閑之卦，上下皆坤；地之厚重，載萬物，仰承乾天之施，有化成萬物之象。且爲乾之對，而萬物之氣始于天，萬物之形生于地；其爲義也；在人爲女、爲妻、爲母、爲臣、爲卑；在物爲雌，在事爲靜，在時爲秋、爲冬。其爲道也，可爲人用，而不可自用。故得此卦者，爲大人君子，則當知氣運在坤之事；法坤道之柔順，則當從人而處事。夫臣之事君，母之養子，妻之隨夫，皆法坤道之至順。彖辭言：元亨利，牝馬之貞。坤之元亨，即乾之元亨，猶如月之得日光；馬性柔順，能服于人；牝馬尤爲柔順，取象于此。

（各爻之解）此卦通觀六爻，則初爻陰微動，小人僅志于營利，不顧災害，有陷于患難之象，故有履霜堅冰至之戒，此爲惡事次第增長之喻。二爻得坤之純粹，故卦中此爻最純粹，惟僅云有利而已；乾之九五，得天之位，與行天道而致太平之占迥別。三爻爲不中不正，而賞罰不明之時。四爻居上下之際，爲以不中而君士緘默辟禍之時。五爻中而不正，失尊卑之序。上六羣陰交戰，有以血洗血之象。要之，坤爲純陰之卦，故六爻概言小人，與乾之君子相對。曰利于永貞者，示愼終之事也。

（占）天時雨辰巳之日可晴。○占家宅，地勢吉。○身上有漸漸通達之意。對于他人頗勞苦。○婚姻吉，不可急。○出產安生男子，但上爻變時母凶。○仕官有聲名顯達之兆。○訴訟有土地之爭，○歸于敗訴，利于和睦。○盜賊行至西北，可捕獲。○失物難尋，或可在西北方覓得。○出門向西方行吉，不利東北。○待人不來，應有音信。○買賣吉。○疾病重。○求事不可急，急則反損財。○願望成就，然有阻礙，成就頗遲。

變卦

初爻變　貞正則終得志。

二爻變　往處移動，心中有憤怒之意，謹則吉。

三爻變　謀事宜久待，終必成，急則凶。

四爻變　信心深則得時，不信則凶。

五爻變　向北方行，或遇未申之人，則有利，諸事吉。

六爻變　不正則次第痛苦，宜慎萬事，以正直爲旨，信仰不怠。

水雷屯 坎上震下　六月卦 春吉 夏凶 秋吉 冬平

水	⚋		兄弟
土	⚊	應	官鬼
金	⚋		父母
土	⚋	身	官鬼
木	⚋	世	子孫
水	⚊		兄弟

䷂水雷屯（全卦之解）此卦爲易中四難卦之一；以擬人倫，則坎之中男在上，震之長男在下，有以長男而從中男之象；下卦之震雷雖欲奮發而出

地；然而上卦之坎水，止之而不得進。故得此卦者，欲進而不能進，欲往而不能往，百事困難，恰似陷于水中而不得自由；然而氣運變遷，故困極必亨。猶冬去春來，凍冰自解，雷氣發生，萬物萌動，蟄蟲皆蘇；屯變爲解，則屯難解散，氣運一新。得此卦者，不可急遽圖功，惟宜固守，待氣運之轉。此卦承乾坤之後，爲創業之始，困難之時則能耐辛苦；勉强不已，則自脫困難，大可亨通，而元亨利貞之字，則括全卦之終始。

（各爻之解）此卦通觀六爻，雖有爲諸侯之才力，然而不可當屯難之時而妄進；居貞正之位，遇險而能守。六二爲九五之君，與陰陽相應初九之陽，不能趨于九五之側。猶如有貞操之婦人，拒絕强暴者，經十年之久，始歸于正當之夫。六三爲斂于利之小人，欲乘此混亂，獨博其功。六四以應初九，比九五，而有所忌憚；九五不能成事，久在困難之地；然終歸于正應之初九而得吉。九五雖中正而有德位，然介于二陰之間，不能施雷雨之恩澤。上六居屯難之終，無能爲之事。蓋三與上爲無應之屯，二與四爲有應之屯。六爻均有難，則謹愼自重，可以經過此種氣運。

（占）天陰，又有雷雨之兆。○占家宅，修理吉，宜修理東北方。○身上有福德，宜待時而動。○婚姻不合，急難成就。○生產難，然可生男子。○仕宦難成。○求人者，須再三求，然後可成。○訴訟宜防女人之害，久而和睦。○盜賊宜往西北方尋之可見。○失物在草木茂盛之處，過三日則不能覓得。○出門往西北方有利。○待人來遲。尋人急尋則得；雖不遇，亦可知其居處。○買賣難成。○疾病爲疝癪溜飲等，又有胸膈痞塞之意，重症也，三爻變則危。○希望急難成就，不可守分妄動。

變卦

初爻變 待人不歸，訟凶，失物無，諸事不吉。

二爻變 謀事不成，求財一半，婚姻成。

三爻變 求財有，謀事吉，婚姻成。

四爻變 病愈，訴訟凶，餘事吉。

五爻變 求財得，婚姻不成。

六爻變 病重，謀事先難後成。

山水蒙 艮上 坎下

父母 ▅▅▅ 木

官鬼 ▅ ▅ 水 身

子孫 ▅ ▅ 土 世

兄弟 ▅ ▅ 火

子孫 ▅▅▅ 土

父母 ▅ ▅ 木 應

八月卦

春凶 夏平 秋不利 冬口舌

䷃山水蒙（全卦之解）此卦艮山在上，坎溪在下，雲上而覆山，霧下而藏溪；坎之泉，由艮山出；泉之由山出也，源雖一，而末流則分爲百千，而不可知其所到之處；艮山阻于上，而坎水險于下；險阻之地，東西難辨。皆蒙之象也。故名曰蒙。以此擬人倫，則小男在下，中男在上；如童蒙之智識未開，昧而不明；故人得此卦，則智識猶如童蒙，不辨是非邪正，而迷方向。彖辭曰：「蒙亨」；言蒙雖非亨，然而蒙昧者能順賢師良友之教，啓其聰明而亨通，則自己虛心，選親戚朋友之有思慮者任之，亦可得其補助。屯蒙二卦，皆爲鴻荒之世；人民復居而無教，爭奪而謀生，知有己事，而不知有人事，故屯吉。蒙者師也，故能導蒙昧之民而使之趨于善；此卦陽爻爲師，陰爻爲弟子。

（各爻之解）通觀六爻，則初六與上九爲治蒙之終始；九二當啓發象蒙之任。六五爲童蒙之主。六三爲女子之蒙。六四爲困于蒙之下愚。故初六爲蒙昧之民，而不知受教之事，不勤民業，而陷于困難，受相當之懲罰。九二爲師，而善容衆蒙，得訓導之宜。六三爲奸邪而不從教導。六四頑固傲慢，不聽師之教，自陷于困苦。六五天性純正，克順師傅之教，遂有通達之知識。上九，不以道德施教，而用刑驅之。

（占）天時雨。○家宅近山有水利吉。○身上多勞苦。○婚姻難成。○生產安。○仕宦進而被用者吉。○求人始不成，後可以人之周旋而成。○訴訟可長，因他人之事而起。○盜賊難捕。○失物在茅屋或園林坟墓等之中。○尋人居處不定，難尋。○出門凶，損財。○待人遲來，停滯于途中。○買賣遲成，○疾病腰下攣急，心氣虛耗，又有水瀉之意，急難治。○希望始不成，後可成。

變卦

初爻變　妄動則財散，有口舌。

二爻變　不正不實，則大有災害，慎之。

三爻變　事物有散亂之象，宜深慎之。

四爻變　守舊而貞正，則得親人之助。

五爻變　雖有住處不良之患；然而動則不利，止則吉。

六爻變　與姓名有目字（或爲目傍文字）之人爭，則大凶，宜深慎之。

水天需　坎上乾下　八月卦　春自如　夏口舌　秋平　冬半吉

五行	爻	六親	世應
水	⚋	妻財	
土	⚊	兄弟	
金	⚋	子孫	世
土	⚊	兄弟	身
木	⚊	官鬼	
水	⚊	妻財	應

䷄水天需（全卦之解）此卦，坎雲在天上。雲升天而未雨，雨則生百穀

草木育禽獸魚鼈，故萬物皆需雨澤；又以乾之銳進，而遇坎水之險，故不易涉，而需水之退。乾爲老父在內，坎爲中男在外；老父倚閭而待子歸，皆需之義也；需之象不一，而飲食最爲急需之物；外卦以坎爲飲食，而互卦有兌口；故五爻之辭曰：「需酒食」；大象有「君子飲食宴樂」之言。蓋萬物必需雨澤而得生，人亦需飲食以養生也；此卦前有坎水之險，故不易進，妄進則遇難。需危險既去，然後可進；速進則有悔，宜緩進以圖功。

（各爻之解）此卦，通觀六爻，則初九順于二陽之後，進則遇險，事亦難成，故未敢輕進；九二爲三陽之主，本可進行；然而坎險在前，故進則有咎，宜從容待時；九三爲重剛而不中，獨進而涉險，則遇災；惟能敬愼，尙可不敗。六四在九五之下，雖盡忠誠，然乏匡濟之才；下有三陽，不免被疑受傷，僅以身免。九五之剛健中正，待天命之至，盡需之道也，故曰吉。上六當爻之終，險陷已極，復無可需之所；雖有意外之事，然敬之則得吉而免害；世人往往輕躁而不待時機，任己之剛健而直進，有陷于禍患之事；此卦宜戒妄動剛健而不陷于險，故其義不困窮。

（占）天時雨。久不止，五七日後晴。○家宅難安居。○身上吉事未至，強進則遇災。○婚姻難成，初爻或六四之爻變則成。○產女，臨產無礙。○仕宦勞力費財而不成。○求人有利。○盜賊居北方熟人之家，可捕得。○尋人，居近處不久可相遇。○出行吉，遇貴人，有喜事。○待人不來，來亦遲。○買賣有口舌，不成。○疾病頭痛翻胃，或爲酒毒。○希望急難成就。

變卦

初爻變　諸事宜謹愼，恐有大災。

二爻變　貞正則後有喜慶。

三爻變　恐有爭論，或女人之患，宜謹愼。

四爻變　靜則吉，性急則大凶。

五爻變　情深之人，必有榮顯，半吉。

六爻變　有疾病，或物體不足，凶。

天水訟　乾上坎下　二月卦

爻	五行	六親	世應
⚊	土	子孫	
⚊	金	妻財	
⚊	火	兄弟	世
⚋	火	兄弟	
⚊	土	子孫	
⚋	木	父母	應

春凶　夏平　秋吉　冬凶

䷅天水訟（全卦之解）此卦，乾天在上，坎水在下，天升水降，天水乖違，卽生情背意悖之象；上乾剛而下坎險，上過嚴而下無惠，下不堪艱苦而訟上，皆訟之象也；故名曰訟。人得此卦，則身心不安，或與親戚朋友爭論，又有與他人爭訟之事。務須避爭，力求和平；蓋人我本爲一體，休戚相關，惟自他之見解相異，遂起黨爭之心；不論爲何事，其初則以契約爲密，應防他日之患。

（各爻之解）通觀六爻，則初爻柔弱而居下，永不爲訟。故少爭論，終得吉。二爻剛健而將與訟，然與五爻相應，不可以卑而訟尊；止訟而退，故無眚。三爻以柔從剛，能安分守貞，居危知懼，故初與三皆終吉。四與初對訟；初爻訴訟不久，四爻歛欲訟之心，守安貞之道，故吉。五爻明君當位，以中正之道而斷訟，吉莫大于此矣。上爻爲訟之終，不當其位；縱令訟勝，亦以私曲而論奸；故其曲直眞僞，固不待辯而明。

（占）天時雖雨，然不出三日可晴。○家宅不安；雖欲遷居，然因障礙難成。

○身上不安，諸事憂患多。○婚姻凶，有口舌，貴人爲媒妁則可成。○生產可得男。○仕宦急難成。○求人，爲他人則成。○訴訟宜止。○盜賊隱于西方，有告者則可捕之。○失物近求可得。○尋人，有口舌，不尋爲妙。○出門不利，宜防同行者之口舌。○待人不來。○買賣可成，惟成後不久即破。○疾病難治，有心腹疾痛。○希望大抵難成。

變卦

初爻變　婦人之事有損失，或有驚痛。

二爻變　不貞明堅固，則大有憂苦災害。

三爻變　住處不安，有辛苦勞動之事。

四爻變　守舊則後有吉事。

五爻變　靜以待時，可得親人之助。

六爻變　不論何事，均須順人之意見始吉

地水師　坤上 坎下

六親	爻	五行	世應
父母	⚋	金	應
兄弟	⚋	水	
官鬼	⚋	土	
妻財	⚋	火	世
官鬼	⚊	土	
子孫	⚋	木	身

七月卦　春平　夏凶　秋凶　冬吉

䷆地水師（全卦之解）此卦水在地中，無窮盡之象，故爲兵衆之義；又以九二之一陽，而統衆陰，則爲將帥之象。故名曰師。初爻柔而不得正位，故爲起難之主；二爻在險難之中，衆亂難平，爲一卦之主。故得此卦者，在下而犯上，自伐而侮人，或因我之私慾而使人痛苦，爲不和順之時。惟爲忠臣孝子吉；常人則不吉；以之擬人倫，則應在外之中男反而在內，應居內之老母反而在外；母子之位置倒轉而失倫，爲家中不和之象；家中之長者，可以貞正之道治之。

（各爻之解）通觀六爻，則九二爲元帥，其他之五陰從之；六三，六四爲偏稗，六五爲臨敵之將士。上六爲勝敵而慶賞功勞之時。九二爲將帥，六五爲君主；將帥受君命而出征，佐君主而有功業。

（占）天時晴。〇家宅人口多，有得病之事。〇身上辛苦，夫婦有爭論之意。〇婚姻雖可成，然而後來則不吉。〇生産不安，然係生女；六五之爻動則母凶，上六動則子凶。〇仕宦得貴人之助則吉。〇求人可以成功，惟有疑惑之事。〇訴訟，貴人吉，婦人凶。〇盜賊可捕獲。〇失物難得。〇尋人有阻隔，難遇。〇出門宜獨行。〇行人可來。〇買賣成，可獲利。〇疾病有變症，凶。〇希望可成。

變卦

初爻變　訴訟有理，病愈，謀事成，出行吉，求財吉。

二爻變　求財，謀事吉，婚姻吉。

三爻變　與二爻變同。

四爻變　婚姻不成，訴訟不和睦；求財，謀事均可成，

五爻變　病凶，訟勝；求財少，行人至，失物不出，婚姻不成。

六爻變　訴訟勝，求財吉；行人不至，婚姻不成。

水地比　坎上　坤下　　七月卦　春病　夏平　秋吉　冬大利

妻財	⚋	水	應
兄弟	⚊	土	
子孫	⚋	金	身
官鬼	⚋	木	世
父母	⚋	火	
兄弟	⚋	土	

䷇水地比（全卦之解）此卦以坎水而在坤地之上；水能和土，土能親水；水又以九五之陽而應五陰，以五陰而援一陽；有一君親萬民，萬民輔一君之象，故名曰比。比者親也，和也；得此卦者，可獲朋友之助，希望可成；然而水土一

體，輔上人，撫下者，均須持心貞正，否則凶。

（各爻之解）此卦，通觀六爻，則初爻爲遠方之人，二爻爲賢士，三爻爲求仕宦之人，四爻爲在位之大臣，五爻爲君，上爻爲化外之民；此等之人，雖皆非王之民，然而吉凶不同，物情自不能齊。易之中一陽五陰之卦凡六；其最吉者，無如此卦。蓋九五之一陽，居于天位，而應上下之五陰也。六十四卦之中，地水師，水地比，天火同人，火天大有，澤雷隨，山風蠱，風山漸，雷澤歸妹等八卦，名爲歸魂之卦；占人之命數，而得此卦，則以上爻而爲命盡之時。歸魂之卦者，第五爻變而爲八純卦也。

（占）天時本雨者晴，本晴者雨。○家宅近貴人之居則吉。○身上先難後吉，萬事速則有利，遲疑則敗。○婚姻可成。○生產安，春得女，秋得男，但二爻與四爻之變皆女。○仕宦，職務不高，進則吉，不可退。○求人，事可成。○訴訟，宜和睦。○盜賊，有二人以上，居東南，早尋可捕獲。○失物，在東北，雖可尋得若干，然已減少。○尋人。居寺院中，否則留連于婦人之所。○出門吉，宜近處。○待人，有信。○買賣，與人共之則得利。○疾病，胸腹有熱結之症，久則難治。○希望，成就遲。

變卦

初爻變　公事有理，求官半吉，求財少，行人不歸。

二爻變　音信有喜，求財難得，出處有災，婚姻難成。

三爻變　謀事可成，官事有理，小兒失物，且有疾病。

四爻變　謀事不成，得財難，物失，病愈。

五爻變 官事凶，病重，失物不出，行人卽歸，萬事少利。

六爻變 出行，遠則吉，謀事可成，官事吉。

風天小畜 巽上乾下

爻	五行	六親
—	木	兄弟
—	火	子孫
-- 應	土	妻財
—	土	妻財
—	木	兄弟
—	水	父母

十一月卦 春病 夏凶 秋口舌 冬吉

☴☰風天小畜（全卦之解）此卦巽風在乾天之上，巽在天上，雖有欲雨之象；然而雲被風吹散，其雨不得，卽以六四之一陰，而畜五陽也；乾之夫，剛強銳進，巽之妻，柔順而有止之之象，所謂柔能制剛之道也。以柔止剛，以弱制強，以妻止夫，以從制主，其道不能大止，而能稍止，故名曰小畜。得此卦者，雖有前進之志，然因障礙而不能進，強進則有禍。一陰之力，不能久待；至上爻則風變為雨，陰陽相和，各得其所，故宜待此時而處事；凡行君子之事，小人擾之；大事將成，小物阻之，皆小畜之義也。

（各爻之解）通觀六爻，則六四之一爻處柔，九五之君有孚，尊以優柔而抑制羣陽；初九與六四，陰陽相應，爲陰所畜。以是潛伏于下位，則先咎而得吉；九二以陽而居于下體之中，能與初九牽連而復，亦吉之道也。九三與六四相比，剛而不中，陰被止而不得進，脫車之輻而不可行，夫妻反目，家室不安。六四近于君位，以信實而相孚。此能畜君，衆陽亦被畜。然以一陰而敵衆陽，故其勢不免攻擊而致傷逃避；九五在君位，而任用六四；今見六四之去，而憐其誠孚，故有所賜與也。至于上九則爲畜之終；六四之一陰已退，巽風變而成坎雨，故爲畜道之成。

（占）天氣降雨，有風則晴，〇家宅廣大，有二人同居之象，但不可住女子，應防口舌之禍。○己身有受人妨礙之象。○婚姻可得再嫁之女，一旦破裂，再說可成。○生產得男，秋冬占之則爲女。○仕宦遲成，五月或十月可成。○求事可成，後有口舌，依賴女子則吉。○訴訟凶，受女子之害。○盜賊居東北方，難捕。○失物在東方，宜使女子尋之。○尋人，在野外。○出行不利。○待人，不來。○買賣難成，損失多。○疾病，小兒吉，大人凶。○希望，急難成就。

變卦

初爻變　關于印綬書籍等物，應有損失。

二爻變　宜靜以處事，後則有家慶。

三爻變　正直則得親人之助。

四爻變　有破滅之意，諸事皆不可深信。

五爻變　不可妄動，宜待時。

六爻變　凡事宜守舊，須謹愼。

天澤履　乾上兌下　　三月卦　春凶　夏平　秋凶　冬吉

兄弟	━━━		土
子孫	━━━	世	金
父母	━━━		火
兄弟	━ ━	身	土
官鬼	━━━	應	木
父母	━━━		火

䷉天澤履（全卦之解）此卦，以兌之柔弱，而後有乾之剛強。以剛健而踐柔弱之後則易，以柔弱而履剛健之後則難；就卦面觀之，則六三以一陰之柔弱，而介于五陽剛強之中，有將行而難行之象。其履行也至危。然陰能應陽，柔能和剛。故可免災難而不致遇害。以是而有「履虎尾，不咥人」之辭。得此卦者，不可輕進，須以敬持己以和接人。然而柔能制剛，弱能勝強；雖剛暴難制，然皆可以柔和之道制之。若欲以剛制剛，則必有大過。故此卦貴以和悅應上

也。

（各爻之解）通觀此卦，則高者不若天，低者不如澤；上下尊卑之分，昭然而明。六三以一陰而介于五陽之間，爲全卦之主；然才弱而志剛，體暗而用明；不量己力而欲前進，必蹈危險；初九在下，素于位而行，不求榮譽，可渡危險之世；爲固有之業，可得安樂；九二居內卦之中，無名利之念，怛然自樂，則不致陷于危險；九四，上事威猛之君，下接奸佞之輩，居危懼之地；小心翼翼，終遂其志。九五居尊位，雄才大略，以剛猛而御下。上爻熟練世故，洞悉人情，建大業而奏偉功，克享元吉。

（占）天時晴。○家宅不安。○家庭和平，子孫繁盛。○婚姻難成。○生產得女；秋則得男，子利母不利。○仕宦不成。○求人謀事，先難後成。○訴訟吉。○盜賊在西方，容易捕得。〇失物難覓。〇尋人難得。〇出門利遠行，不利近行。〇行人，有信來。〇買賣難成。〇疾病危。希望遲成。

變卦

初爻變　訴訟有理，謀事成，求財得，出行吉，婚姻成。

二爻變　婚姻就，謀事成，失物得，疾病吉。

三爻變　出行不吉，訴訟和睦，謀事難成，婚姻成就。

四爻變　待人不來，訴訟依賴貴人則吉，婚姻不成。

五爻變　訴訟強，婚姻成，謀事求財均有利。

六爻變　求財有利，婚姻成。

地天泰 坤上 乾下　八月卦　春吉 夏凶 秋凶 冬凶

子孫	⚋ 應	金
妻財	⚋ 身	水
兄弟	⚋	土
兄弟	⚊ 世	土
官鬼	⚊	木
妻財	⚊	水

䷊地天泰（全卦之解）此卦，乾天在下，坤在上；就天地之形體言之，則上下顛倒，而不得其義，然此卦所取者，非形而爲氣；卽天氣下降，地氣上升，而陰陽二氣相交，有生育萬物之象；又以乾夫而交坤妻，以乾君而和坤臣，家齊國治，有天下安泰之象；內乾健而外坤順，內有剛健之德，外有柔順之行；不與物忤，百事通達；乾之君子居內，坤之小人在外。有國家安泰之象，其名爲泰。此卦，樂極而哀生，過月之望，而有向暗之意；則得此卦者，鑑于陰陽消長之理，不可不十分謹愼。例如：下宜有利，上不可貪利；宜省事，不宜多事。易之序卦，以乾坤爲始；乾之後，大約有七十一卦，始得泰；以屯爲君，以蒙爲師，以需養之，以訟

理之，以師正之，以比和之，以小畜約之，以履禮之，始成爲泰；故自乾以下，奇數之爻凡三十；自坤以下，偶數之爻亦有三十；始得乾坤相交，開泰之運。泰之難如此。泰之後卽爲否。故聖人深戒之。

（各爻之解）此卦通觀六爻，則天地之氣相交，始開造化之功；初九君子得位，而舉同氣之賢者，共立于朝廷，勤勞國事。九二，有剛健中正之德，而爲濟泰之大臣，所謂尊賢而容衆者，不僅顧慮現在，且爲深遠長久之謀，而公明正大；應六五之君，而得信任。九三，居陽之極，其位不中正，且當盛極將衰之時。爲艱貞而固守，盡人事以挽回天運；六四，以陽居陰，逼近尊位，而當上下之交；志不自安，虛而接下者也。六五，爲溫順之君，虛己而信任九二，吉而得福者也。上下爲泰之終，泰極而變，天運循環，而爲移于否運之時。至此而上下暌隔，民情離散。僅能明其政教，而挽回天心；撥亂反正，以保泰之終。

（占）天氣，降雨。〇家宅，婦女不利。〇己身，心中多憂，有關于婦人之口舌，〇婚姻雖可成，然而後來難免離婚，須注意之。〇生產安，生貴子。〇仕宦，得貴人之援助而可升進。〇求人，望小得大。〇訴訟，宜和睦，不利受裁判。〇盜賊有三四人，隱于東方之水邊，難捕。〇失物，向左右近處求之可得；此係自失，非被人竊去。〇尋人，可求得；五爻變則其人不見，可聞音信。〇出門不可獨行，宜三人同行。〇待人，不來。〇買賣，賣者利少，買者利多。〇疾病，長久則凶。〇希望，急則不成，久而後成。

變卦

初爻變　貞正則家有喜慶之事，半吉。

二爻變　失物，有後悔。

三爻變　宜急起爭之，須謹慎，和順則諸事吉。

四爻變　宜守舊安靜，謹防失財。

五爻變　居家則不能成事，遷徙吉。

六爻變　不可動，進則有迷惑，凶。

天地否　乾上坤下

土	⚊	應	父母
金	⚊		兄弟
火	⚊	身	官鬼
木	⚋	世	妻財
火	⚋		官鬼
水	⚋		父母

七月卦　春吉　夏凶　秋平　冬吉

䷋天地否（全卦之解）此卦，與泰相反；乾天在上，坤地在下；由天地之實體觀之，則上下之位置自然得宜；然而天氣不降，地精不升；陰陽二氣不相交，而萬物悉有否塞之象；乾夫與坤妻不相交，乾君與坤臣不和睦；有國家不治，天下無道之象，故名爲否。然而否運過則泰運來，故有始困而後樂之理。人得此卦，則在一家之中，父兄過于剛猛，子弟過于愚柔，上下之情不合，而百事乖離，家道日替，或罹災禍，或損錢財；在年時則風雨不調，有疾病則胸膈不通，商業方面則貨物難賣；百事如此，雖有能者，亦無如之何；君子亦順守其變，而避災眚以待時運之至。此卦爲泰之反，而次于泰。蓋人情安樂則生驕惰，驕惰則生凶咎。此自然之勢也。故否次于泰。然而人能畏天命，應時而守中庸之道；則假令當否之時，亦可轉而趨于泰。故保泰而期不否，實爲君子之心。任否而不期泰之復，則爲小人之心。否運之來，雖爲天命使然，然而君子不敢委之于天，必盡其道而濟其否，然後可。

（各爻之解）此卦，通觀六爻，則下三爻爲否之時，而用小人之事。上三爻否運已極，爲趨于泰運之卦。初六雖爲小人並進之時，然亦未嘗求士；在下之君子，不忍忘君見可進而進。六二當否之時，君子固應退避；然或枉道行權，屈身濟世，六二爲以此道救否者。六三爲小人，本欲害君子，蓄而未發，本欲感君子之德，內省而自覺羞恥；九四當陽來之初，爲轉泰之時。君子見泰機之已動，將出而濟否。九五，明君在上，從容而休否，卽爲中興之君。上九爲否運已傾，泰運將來之時。

（占）天氣晴。○家宅，諸事不足，煩累不絕，病痛不絕。○己身，目下諸事不利，後則吉，宜愼守，不可妄動。○婚姻雖成，然有障礙，宜遲。○生產不安，初胎得女，再胎得男。○仕宦不利。○求人，初難求，後則易。○訴訟不利，有受冤罪之事，至冬則得利。○盜賊有二人，居東方之山林或水邊。○失物，向東南方尋之可得。○尋人，向戌亥之方尋之可見。○出門，遲則有利，急則有口舌。○待人，不來。○買賣，買有利，賣則不利，宜待時而賣。○疾病，爲痞膈之症，爲凶兆。○希望，先難後成。

變卦

初爻變　訴訟事凶，求財半吉，婚姻雖可成，然後則分離；謀事遲成，出行吉。

二爻變　希望難成。訴訟依賴他人吉，待人不歸，出入遲，餘皆吉。

三爻變　訴訟凶，病愈，求財有利，希望不成。

四爻變　尋人可見，求人謀事不成。

五爻變　求財得，謀事成，訴訟有理，病愈，失物難覓，出入半吉。

六爻變　訴訟事，我强敵弱，可和合，求財難得。

天火同人　乾上離下　正月卦　春凶　夏吉　秋凶　冬吉

子孫	⚊	土
妻財	⚊	金
兄弟	⚊	火
官鬼	⚊	水
子孫	⚋	土
父母	⚊	木

䷌天火同人（全卦之解）此卦，乾天與離火合體，天氣上升，火亦炎上，其性相同。離日在乾天之下，同照萬國，萬國同仰之；五陽一陰，六二之一爻，得中正而爲內卦之主，應九五之君。全卦之象，恰似一女而對五男；衆陽和悅，而同心合意。故名同人。如此，人心和同，而爲深切之卦，則得此卦者，百事必佔便宜，可遂其志。夫天下之事，以一人成之則難，與人共成之則易；而與人之道，有公有私，公則道合，私則道離。以私而同者其道小，以公而同者其道大。此卦，爲離明，爲知，以乾爲正，爲健。人能得離之明與知，以應乾之正與健，而謀事，則事

無不利；以此而涉險則險皆可涉；以此而交天下之人，則天下之志，無不通之事。

(各爻之解)此卦通觀六爻，則同人爲同之象。蓋有意求同人，則涉于私。私則不同，同則不言而自同。初九，出外而無所私昵，故得無咎。六二，雖爲中正；然而未免涉于宗黨之私，故吝。九三，剛強而居二五之間，強而求同之後，故知懼而不凶也。九四，近于五，知其不義而不爲，故吉。九五，剛健而應二爻之明，當其未通而不堪憤懣；然而一旦貫通，自覺喜悅也。上九，遯而居郊外，無同求之意，故無悔。

(占)天氣，一日雨，翌日可晴。○家宅，有全家利悅之象。○己身，目下有升騰之象。且得朋友之扶助。○婚姻成，惟年長之婦人，有不貞之意，不利于夫。○

生產安產貴子。○仕宦，希望遂。○求人，用二人可成。○訴訟，有同黨之私庇，不久可和睦。○盜賊，早可捕得。○失物，在西南，多數爲家人取去，難尋。○尋人，可尋得。○出門吉。○買賣成。○疾病，寒熱往來，有身體疼痛之症，難治○希望，正事可成。惟其成頗遲。

變卦

初爻變　關于婦人之事，有口舌之爭，凡事不可浮躁。
二爻變　性急慮淺，則不能爲尊長治家事，徒心勞而無益。
三爻變　須注意圖書印記之事，進則凶，退則吉。
四爻變　進則有過，退則困難而有悔。
五爻變　有離家之事。

六爻變　爲利己主義則無恩，招損失。

火天大有　離上乾下　正月卦　春吉　夏平　秋凶　冬吉

五行	爻	六親
火	⚊ 應	官鬼
土	⚋ 身	父母
金	⚊	兄弟
土	⚊ 世	父母
木	⚊	妻財
水	⚊	子孫

䷍火天大有（全卦之解）此卦離日在乾天之上，徧照萬物，庶類蕃昌；在全體方面，六五之一陰當君位應上下五陽，五陽之臣民相率而歸六五之一陰。以寡統衆，以柔克剛，此爲大有。離之知明合乾之剛健；小而有家，大而有國。以有此象名曰大有；故得此卦者，滿則虧。損貨財；關于親戚朋友等，將有勞苦之事。處于人世，尊卑貴賤，各從其分，應各有其所有。然而求有之道，不宜出于至公而不溺于私；取之于遠，而不拘于近，則爲順于大有之道。

（各爻之解）此卦，通觀六爻，則以五陽而奉一陰，一陰具離明之德，攝五爻之天位。爲天子富有四海之象。六爻皆貢于上而爲義，初爻爲民，二爻爲臣，三爻爲諸侯，四爻爲首•輔之大臣，五爻爲天子，上爻爲天子之師傅。天下百物之利，皆天之所生，以天之物，而養天之子。此大有之義也。

同人之卦，文明之化下行，庶民皆有君子之風，而無乖戾之俗；大有之卦，文明之德備于上，天下咸被聖人之澤，無缺陷之事。其德豈不大哉？

（占）天氣本雨則將晴，本晴則將雨。○家宅有二人同居之象，吉。○己身，時運亨通，有福分而健康。○婚姻成，女子貌美而身矮，○生產不安，又防流產。○仕宦，得貴人之助而顯達。○求人，初被疑而不成，後則成。○訴訟，得公明之裁斷，初有驚，終則吉。○盜賊難捕。○失物可以覓得。○尋人，向東南方尋之可得。○出外，不可急，稍緩數日，向西方行則有利。○待人，來。○買賣可成，有破財之兆，須注意。○疾病有頭痛或眼目之疾，難愈。○希望，難成；關于得財或文學等事，則可發達。

變卦

初爻變　婚姻成就，病亦愈，訴訟不吉，謀事吉，求財難得。

二爻變　婚姻不吉，出入有利，謀事成。

三爻變　婚姻成，訴訟雖表面頗惡；然而得貴人之助則吉，求財有，諸事吉。

四爻變　婚姻成，謀事得，出入吉，訴訟勝，失物可以覓得，諸事大吉。

五爻變　諸事半吉，大有進步。

六爻變　訴訟始善後惡，其餘均吉。

地山謙　坤上 艮下

金 兄弟 ⚋ 身
水 子孫 ⚋ 世
土 父母 ⚋
金 兄弟 ⚊
火 官鬼 ⚋ 應
土 父母 ⚋

九月卦　春平 夏吉 秋吉 冬吉

䷎地山謙（全卦之解）此卦，以艮山而在坤地之下；以山之高而降至低地。內艮止而外坤順，內有篤實之德而止于道，外有柔順之行而能順人。均有謙讓之象義，故名爲謙。此爲先屈而後伸之卦，故得此卦者，雖初多辛勞，諸事不如意；然而後則亨通，而得吉利，宜隨人而節己。君子宜守謙遜退讓之道，其心愈小，其德愈光，其志益虛，其道益高。此所以有終也。故有「謙亨君子有終」之言。此卦，通觀六爻，則艮在下，坤在上，艮止而坤順。能止而不上，所以謙也。夫造化之變，不足則常有益，有餘則常損，君子以不足而留有餘，以有餘而待不足，謙之道也。此卦以第三爻而居凶地，惟謙能待其終，而以此卦第五爻爲尊地。下卦三爻，皆吉而無凶；上卦三爻，皆利而無害。爲君而有利，爲臣亦有利。居常則吉，涉險亦吉，平治有利，戡亂亦有利。

（各卦之解）初六爲篤行之君子，在下位而不求聞達，克全其終。六二柔順中正，用謙退之道，名聞于遠近。九三以一陽而居衆陰之中，衆陰皆順之。有一人得信任，萬民歸服之象。六四，居大臣之位，上無所疑，下無所忌，謙之善者也。六五，以柔中之君，自己之爵位而不取富，謙退克讓，天下之人無不歸心者。上六，不中而在上卦之極，居極謙之地而未得其志，不居其平而鳴，蓋以柔處柔，柔而未得其志，則濟之以剛。故有行師征邑國之辭。用上六之師，豈得已耶！

（占）天氣，雨。○家宅，近于山麓，不利小兒。○己身，目下平順，有步步漸高之意。○婚姻可成，有女子淫亂之象。○生產，安。○仕宦，難成。○求人，初不成，再求之則成。○訴訟，宜和平，不宜紛爭，我有理也。○盜賊，近東南方，可捕得。○失物，宜向東南竹林邊尋之。○尋人，自歸。○出行，有障而無害，三人同行吉。○待人，大抵不至，雖至亦遲。○買賣，物價均平，而利益頗多，宜久待之。○疾病爲內鬱之症，難治。○希望，得人之助，久而後成。

變卦

初爻變　與親人分離，或居室有憂患，凶。

二爻變　貞正則漸有幸福，半吉。

三爻變　事靜則吉，對于親人有辛勞。

四爻變　半途物破，或有損失，凶。

五爻變　宜守舊，半吉。

六爻變　隔物而不通，進則凶。

雷地豫 震上坤下　五月卦 春平 夏吉 秋吉 冬凶

土	⚋	妻財	
金	⚋	官鬼	
火	⚊	子孫	應
木	⚋	兄弟	
火	⚋	子孫	身
土	⚋	妻財	世

䷏雷地豫（全卦之解）此卦，震雷在坤地之上，爲雷奮于地上之象；蓋春陽之氣行，則雷奮出蟄蟲皆蘇生，百穀草木生，禽獸蟲魚育，融和悅樂，由此而大。上動下順，君命則民從；上下和順，君臣悅樂。故名曰豫。豫者悅也，樂也，得此卦者，如春雷之發動，人得機會而可悅。然以震動之劇，在常人則往往居住不安，有去國之事；蓋五柔一剛之卦，其人必柔多剛少，柔以順爲主，剛以動爲主。以此人之動處，皆當法天地之順。不妄動，則得永保其安豫；若妄動，則必失其豫。

（各爻之解）此卦，通觀六爻，則其要旨不過動于順三字，豫之時心勞意足，其樂已極，遂縱情馳欲，流連忘返，亦恆情之所不免；聖人憂之，詳于爻辭。初六，悅不勝豫，而不鳴其悅，以是凶。六二，中正而有獨立之操，不動于外物，則得貞吉。六三不中不正，而羨九四之權勢，攀援而欲得豫悅，被鄙棄而有悔。九四，以一剛而統衆陰，爲一卦之主，衆陰皆由之而豫悅；六五，柔弱之君，受權臣之制，欲豫樂而不能自由，權雖失，然其位則未亡。上六，居豫之極，在卦之上，縱情而不覺其非，至于此時，變志而改行，復歸于正道，故得旡咎。

（占）天氣晴。○家宅甚破損，防有變動。○己身有吉兆。○婚姻成，但女有傷夫之性，後將再嫁。○生產不安。○夏則得男。○仕宦遲成。○求人可成。○訴訟初大而後小，至爲相睦。○盜賊爲女子，奔至西方，急難捕得。○失物，難覓得。

〇出門，不可與體弱者同行。〇待人來，然有障礙，〇買賣，物價騰貴，必得大利。〇疾病，難治。〇希望，可成。

變卦

初爻變　關于印綬，書籍等，將有憂患，宜愼之。
二爻變　誠實則漸佳，不實則大凶。
三爻變　將有大損失，宜遷徙。
四爻變　親人，方面將有損失，宜靜。
五爻變　貞正則大吉，惟須防女子之災難。
六爻變　大吉，不可無理，萬事成就。

澤雷隨 兌上震下

妻財	▅ ▅	土 應
官鬼	▅▅▅	金 身
父母	▅▅▅	水
妻財	▅ ▅	土 世
兄弟	▅ ▅	木
父母	▅▅▅	水

七月卦 春平 夏吉 秋凶 冬吉

☱☳澤雷隨（全卦之解）此卦，爲雷在澤中之象；雷激則水隨之而激，雷動則水隨之而動。又以震之長男，而下于兌之少女。以長而隨少。其義其道，皆以陽而下陰，故名曰隨。得此卦者，爲以强隨弱之兆。凡陽剛之人，不肯下人；故人心常乖離，事業不得成。若能以剛下柔則衆心悅服，其事必成。隨者，不專尙己意之義也；以之推造化，則爲震春萬物隨之而生；兌者秋也，萬物隨之而成。春生之，夏長之，秋成之，冬藏之，各隨其時。六十四卦之彖辭中，係元亨利貞之辭凡七，乾、坤、屯、隨、臨、无妄、革也。隨之義大矣。

（各爻之解）此卦，通觀六爻，則初九剛正而爲成卦之主，隨六二之陰。所見廣，所聞多，不溺于私，廣交而有功。六二，以陰居陰，係四爻之陽。失其所係，雖無凶咎之辭，然而不吉可知；六三，陰居陽上，逼近九五，不誠則凶；誠心事君，明機保身之善者也。九五居尊位，中正而與人爲善，天下從之。上六，柔順而居隨之極，天下之臣民，隨順化服之極者也。

（占）天氣，大雨而有雷。○家宅，有怪異而可驚。○己身，運氣平常，宜暫時安靜，至明年則宜遠行。○婚姻可成。○生產，平安得男，五爻變則母有災。○仕宦，宜待時。○求人，謀事可成。○訴訟，有牢獄之災。○盜賊，匿東方之田野，或水邊之家。○失物，係自誤而遺失者，不在遠方，宜向近處求之。○尋人，可以覓得。○出行，宜隨他人，不可獨行。○待人，即至。○買賣，今難成，至來春則有利。○疾病，飲食難，有頭痛之症，難治。○希望，可成。

變卦

初爻變　正直則得援助，大吉。

二爻變　有與親人爭論之事，宜愼色情。

三爻變　順人之異見而改身，則吉。

四爻變　新事業則凶，守舊則吉。

五爻變　關于圖章印綬等物，將有遺失，宜注意。

六爻變　不正不實之人，大有災害危險。

山風蠱　艮上巽下　　五月卦　春平　夏吉　秋不利　冬凶

木	━━━	兄弟	應
水	━ ━	父母	
土	━ ━	妻財	身
金	━━━	官鬼	世
水	━━━	父母	
土	━ ━	妻財	

【☶☴】山風蠱（全卦之解）此卦，爲山下有風之象；風爲流通氣候，往來寒

暑，發育萬物者；今入山下，閉息而不振，則物腐而蟲生。又以巽之長女，下艮之少男。此爲以長女之色情，惑少男之象，故名爲蠱。蠱者亂也，惑也，壞也；故得此卦時，我從巽而彼止于艮，意氣不相通，彼我不能合而成事，因循則事必敗。父母年老，子女宜爲勞苦之事以養親。災難不遠而起于近，有不從外入而從內生之意，宜愼之。

（各爻之解）此卦，通觀六爻，則初六爲蠱之初，而其弊未深；人子承父業敗壞之後，以恢復從前之資產爲務。九二，以剛中之才，應六五，巽順而得中，助母以治家。九三，過剛不中，欲補父之過，直情徑行，而傷父之心，不免有悔。六四，以柔居柔，不能成事，不能救蠱，因循而終致自誤。六五，柔中而居尊位，與九二剛中之臣，陰陽相應，藉以匡救舊弊。上九爲成卦之主，以剛明之才，而居艮止之極；不比于九五，不應于九三，不關于世之毀譽榮辱；其清風高節，足以起頹俗，勵人心；雖不治一時之蠱，然而可治萬世之蠱。

（占）天氣，雨多晴少，三爻變則晴。○家宅，整理家政，方可免盜賊或蠱惑之災；又爲破損之兆。○己身，今有好運來，宜改舊觀，爲新事。○婚姻凶，恐有男女私情。○生產，有異胎；三爻變則子母均凶。○仕宦，始不成，再求可成。○求人，難成。○訴訟，可以欺人起惑。始勝，再負，終則可和。○盜賊在東南，可捕得。○失物可覓得，然而其物已壞。○尋人，急尋可得，宜三人尋之。○出行凶，有口舌。○待人，來。○買賣，貨物堆積則損壞，宜急賣。○疾病重，然而易治，但須防巫筮呪咀等患。○希望難遂，凡事不可任性。

變卦

初爻變　居處勞心不絕，順人之巽見則吉。

二爻變　宜止不宜動。

三爻變　凶。

四爻變　吉。

五爻變　不愼則大有災患。

六爻變　吉。

地澤臨（坤上兌下）　十二月卦（春平　夏凶　秋凶　冬吉）

金	⚋	子孫	
水	⚋	妻財	應
土	⚋	兄弟	身
土	⚋	兄弟	
木	⚊	官鬼	
火	⚊	父母	

䷒地澤臨（全卦之解）此卦，在全體方面，以二陽而對四陰，以四陰而見二陽，又由二陽而望四陰；陰陽相望，故名為臨。又在消長方面，由坤成復，由

復成臨，陰漸退去，陽漸進，亦臨之義也。坤之母，與兌之少女相對；母愛少女，少女慕母，而有相望之意。此爲貴賤相交而相親之卦，故得此卦者，凡事以柔和爲主，剛强則不利。雖有一時之繁榮，然而又有衰微之意，故當除去驕盈之念；且未寒而備衣，未飢而具食，能見機于先，方无悔于後。天道之循環，雖非人力所能挽回，然而謀事在人，亦不可不豫爲之備。

（各爻之解）此卦，通觀六爻，則地勢卑而下順，澤水上浸而悅，有水土親近之象；初九，九二，爲澤水由山降下；初九爲澤猶未盈，九二爲澤水已滿，六三爲水已及岸，六四爲地與水接，六五爲地澤正應。上六爲地愈厚，澤愈深。蓋初爻得正位而貞吉，九二以剛中之木，與六五柔中之君相應，故吉而無不宜之事；六三位雖不正，然知其非而憂之，亦可无咎。六四位近至尊，柔順而居貴地，下應初九之剛正，而謀國政，故得无咎。六五柔中而居尊位，取天下之善，任天下之事，功業可成。上六居臨之極，功業已完，敦厚而得吉。

（占）天氣降雨，久而不止。○家宅近水，家事旺盛，或與他姓同居。○己身目下有好運。○婚姻成，但有口舌。○生產安，春夏得女，秋冬得男。○仕宦可成。○求人，事難成。○訴訟，訴他人則害自己，和則有利。○盜賊三四人，在東南山下，難捕。○失物宜速尋，遲則難覓。○尋人，久則可遇。○出行吉，○待人，來。○買賣得利。○疾病，治愈頗遲。○希望，可成。

變卦

初爻變　家居有不足之處，動則有爭競之事。

二爻變　吉。

三爻變　吉。

四爻變　關于婦人之事有口舌，性急則大凶。

五爻變　有痛心之事，宜靜以處理之。

六爻變　諸事均吉。

風地觀　巽上坤下　八月卦　春平　夏凶　秋吉　冬凶

妻財	⚊	木	
官鬼	⚊	火	
父母	⚋	土	世
妻財	⚋	木	
官鬼	⚋	火	身
父母	⚋	土	應

䷓風地觀（全卦之解）此卦，在全體方面，以二陽對四陰，以四陰見二陽，以二陽觀四陰。又巽風在坤地之上。風行地上，可觀萬物之被吹，故名爲觀。

得此卦者，雖有被人尊敬之意，然而風行地上，有動搖之義。則居住不安甯，心身不和穩，有煩雜之事。今雖貧，將來必有富盛之望；正直而愛人，勤險則有利。

（各爻之解）此卦，通觀六爻，則初爻在下，有如童蒙。二爻雖與五爻相應；然陰暗而不能觀事物。三爻觀六四之動作而爲進退。四爻比五爻之君，觀事最親切，爲君之賓客。五爻居尊位，化天下之民情風俗而導于善者也。上九居觀之終，備剛明之才德雖高而無位，然而一動一靜，均爲衆人所屬目，不知恐懼則无咎。

（占）天氣陰晴不定，但不降雨。○家宅，近神社佛閣等處則吉。○已身，有文才藝能者吉，出外有利，不利家居。○婚姻，雙方爭執，難成。○生產安，初胎爲女，再胎爲男。○仕宦，其志可遂。○求人，依賴高位之人或僧侶，則有利。○訴訟得理，終可和睦。○盜賊在廟宇中，急尋可得。○失物，應向西南方尋之。○尋人，應向西方求之。○出行，一人則凶，與衆人一同遠行則吉。○待人，不來。○買賣，成。○疾病，難治。○希望，急難成就。

變卦

初爻變　訴訟事凶，求財半吉；婚姻雖可成，然而後則不免分離；希望遲成，出行吉。

二爻變　希望難成。訴訟，依賴他人則吉。待人不來。諸事均吉。

三爻變　訴訟凶，病愈，求財有，希望不成。

四爻變　尋人可得；希望，依賴他人則必成。

五爻變　求財得，謀事成，訴訟有理，病愈，失物難尋，出入半吉。

六爻變　訴訟，我強敵弱，然而可和合；謀事，求財難成。

火雷噬嗑　離上震下　九月卦

火	—	子孫
土	-- 世	妻財
金	—	官鬼
土	--	妻財
木	--	兄弟
水	—	父母

春凶　夏吉　秋吉　冬吉

☲☳火雷噬嗑（全卦之解）此卦，全象似頤。初上以二剛而爲兩唇，以二三五之四陰而爲齒，有咬之象；四爻之一剛，梗于其間，如物之在口中，初上之二剛，以四爲梗，遂不得上下相合；噬消此梗，兩唇乃合。故名爲噬嗑。欲除其害，則治人宜用刑獄，治己宜常內省。震雷動則致其澤，離火明則察其機。動與明合，賞罰乃章。得此卦者，有諸事被人阻隔之意；噬嗑有通之義，體此象義而處事，則始難而後可成。

（各爻之解）此卦，通觀六爻，則全卦爲雷電震發而示威于天下。此即爲天地之怒氣；在人事則有用刑之象。故謂大象明罰之法爲勑。動則能斷，明則能察。合而施之則刑法明。五爻雖不當其位；然而以柔居剛，爲治獄之主。用初爻與上爻治獄，則剛柔合而獄平。六爻各有取義，或以初上兩爻爲受刑之人，以四爻爲用刑之人。觀察卦體，則以四爻爲受刑之人，其餘五爻爲用刑之人。然而爻辭皆以用獄爲主，未嘗有用刑受刑之別。但兩剛不能獨噬，必合諸柔而共噬。故諸爻各有所噬。噬之中，又分堅與柔。初在下而剛猶微，故刑在足而上居終，其剛已極，故爲刑主。兩爻獨不云噬，此所以爲受刑之人乎？六爻用獄，各有次第，故皆云无咎；利艱貞者，其凶至極也。

（占）天氣，有雷鳴而降雨。○家宅，有火災之患，憂慮頗多。○己身，好運發動，有聲名上達之兆。○婚姻可成，有口舌。○生產，秋冬得男，春夏得女。○仕宦，可成。○求人，宜二人求之；始不成，後則成。○訴訟，可得公平之判決。○盜賊，可向街市捕得。○失物，被人取去，宜兩人向東南尋之。○尋人，可得。○出行吉。○待人，人來。○買賣成。○疾病，有鬱熱之症，發狂之患，其兆凶。○希望，急難成；若有利慾，則將受禍。

變卦

初爻變　謀事宜待時，性急則凶，秋則凶。
二爻變　依尊長之言而辦事，則吉。
三爻變　婦人有喜事。
四爻變　凶。
五爻變　行爲不正，則家中有災害。
六爻變　正直之人，得貴人之助，希望成，半吉。

山火賁 艮上離下 十一月卦

春平 夏凶 秋吉 冬平

官鬼 ▅▅▅ 木
妻財 ▅ ▅ 水
兄弟 ▅ ▅ 土 應 身
妻財 ▅▅▅ 木
兄弟 ▅ ▅ 土
官鬼 ▅▅▅ 木 世

䷕山火賁（全卦之解）此卦，離日沒于艮山，離火在艮山下。日沒于山則爲夜；夜半火舉于山下，則火光映樹木，色彩鮮明。故名爲賁。賁者文也，鮮也。有實而加飾，則飾之可增其美。此卦之象爲物美而有威，居室衣類器具等，皆有文飾；然而山下有火，則明不及遠；小事雖成，大事難成。

（各爻之解）通觀六爻，則初爻位正，賁得其正。二爻中正，而賁得其時。三爻賁得其吉。四爻賁而當位，賁而終無咎。五爻敦本而務實，賁而終有喜。上爻以黜美返樸而爲賁，賁而得志也。

（占）天氣降雨。○己身有阻礙，不如意之事多。宜遷居。○婚姻雖可成，然而後則分離。○生產不安。○仕宦，久而後成。○求事，宜速。○訴訟，初有喜而後有憂，終可和。○盜賊，居東北方之人家，四爻變則尋得難，不然則必可捕得。○失物，在水道口，可以尋得。○尋人可遇。○出行，有利。○待人，來。○買賣成。○疾病危。○希望，急難成。

變卦

初爻變　訴訟凶，婚姻不成，求財不吉，謀事成，病凶，行人至。

二爻變　訴婚成，謀事成，尋物得，病安，訴訟宜和。

三爻變　求財吉，訴訟勝，病可愈，婚姻成，謀事吉。

四爻變　出行吉，求財吉，訴訟得利，婚姻成，行人至，尋人得，諸事成。

五爻變　求財吉，謀事，出行，官事均有理；失物出，行人至，婚姻成，病不安。

六爻變　病愈，出行不吉；謀事，求人可成；求財凶，婚姻成。

山地剝　艮上坤下　九月卦　春吉旺　夏平　秋凶　冬不利

爻	五行	六親	世應
⚊	木	妻財	
⚋	水	子孫	世
⚋	土	父母	
⚋	木	妻財	
⚋	火	官鬼	應
⚋	土	父母	身

䷖山地剝（全卦之解）此卦，艮山夷而附于坤地，有高山落而爲平地之象；又在消長方面，本由乾來而爲姤、爲遯、爲否、爲觀、爲剝，今將剝一陽而爲坤。此皆以陰消陽，以陽削陰之象，故名曰剝。剝者削也，盡也，落也。蓋命運之通塞，家道之盛衰，至于富貴貧賤，壽夭疾病，皆不外于陰陽之消長；故得此卦者，時運不佳，已身零落，資財稍稍消亡。然而有枯木生花之意，故去舊從新者吉。夫陽爲君子，陰爲小人。五陰將滅一陽，小人道長，君子道消；則君子宜體坤之順，取艮止之法；順而安分，不與小人爭功，止而待時，不與小人爭進；消息盈虛，

宜合天之行，以待一陽之來復。

（各爻之解）此卦，通觀六爻，則陰盛而陽剝；爲九月之卦，肅殺之氣，有萬物剝落之象。初爻爲禍之始，剝之漸。二爻較凶；三爻從正，其勢自獨；四爻剝而至于膚，有切近之災；五爻居尊位，獨能調劑羣情，小人各安其分，相率而從陽，進而不至于剝而止。上爻得有碩果之存者，實係依賴此爻。善變者轉禍爲福，不善變者化吉爲凶。故剝始凶而終則不凶。

（占）天氣，降雨。○家宅，宜買寄寓之宅，不宜居自己之宅。○己身，運氣不佳。外觀雖好，內則空虛。○婚姻凶，若成則爲尅夫之女。○生產爲第三胎，又不足月而生，故有不足之處；或爲產時受驚。○仕宦，始雖難而後則成。○求事，遠難成，近則可成。○訴訟，先失財，後可和。○盜賊，向西南方去，得之頗難。○失物，難尋。〇尋人，難得。〇出行，宜與人同行。〇待人來。〇買賣成；資本厚，有聚集貨物之利。〇疾病，有必死之意。〇希望，求財之類，雖可十成七八。然而被他人阻碍，頗有反覆，必須注意。

變卦

初爻變　訴訟爲對方被侵，病可長久尋人可得，謀事，及婚姻不成。

二爻變　訴訟勝，病全愈諸事大吉。

三爻變　求財，求利均無，訴訟强，病及出行不利。

四爻變　訴訟凶，病重，求財不得。

五爻變　求財吉，出行吉訴訟解，病可愈，諸事均吉。

六爻變　訴訟不勝，失物不能覓得，病死，百事半吉。

地雷復 坤上 震下　十一月卦

春口舌　夏凶　秋吉　冬吉

子孫	⚋	木
妻財	⚋	水
兄弟	⚋	土　應
兄弟	⚋	土
官鬼	⚋	木
妻財	⚊	水　世身

䷗地雷復（全卦之解）此卦，爲震雷伏藏于地中之象；以一陽而在五陰之下，陰極而陽復。在消長方面，自剝來者爲坤爲復。以之擬人事，則爲出惡而入善之義，雖有人心不善之事，然而平旦之際，未始不萌一念之善。所謂復也，復于善則善之朋自來，而得无咎。故得此卦者，始雖有惡事，然而復向于吉。

（各爻之解）此卦，通觀六爻，則初九爲人遷善之始。六二爲見人遷善而欲從之。六三雖有屢善屢失之危，然而終復于善。六四能捨羣陰而從初九，故樂爲善事。六五柔中而居聖賢之地位，上六居卦之終，又失其善，終至怙惡不悛。非但爲一身之禍，且爲天下之禍。

(占)天氣，忽雨忽晴。○家宅，爲家內不和之家，至春則可移轉。○己身，好運將來，靜待之則有利。○婚姻成，又有破壞之兆。○生產得男，三四爻變則母凶。○仕宦難成。○求事，可成。○訴訟，可勝。○盜賊，或西或東，居處無定，難捕。○失物，宜向東方尋之。○尋人，不告他人而自求之，則可得。○出行，北方吉；然而行至中途，則宜轉向西南。○待人，來。○買賣難成，成亦有爭。○疾病，今雖危篤，後可漸愈。○希望，可成。

變卦

初爻變　事宜緩爲，性急則凶。

二爻變　關于女子之事有口舌。

三爻變　凶，諸事應謹慎。

四爻變　住處有變動，或有印綬圖畫等物之損失。

五爻變　動則凶，止則吉。

六爻變　諸事盡力爲之，然後得吉。

天雷无妄　乾上震下　二月卦　春吉 夏平 秋凶 冬吉

⚊	土	妻財
⚊	金	官鬼
⚊	火	子孫
⚋ 世	土	妻財
⚋	水	兄弟
⚊	水	父母

☰☳天雷无妄（全卦之解）此卦震雷在乾天之下，有雷行于天下之象；動而以天，天動而合天。此爲天道運行之象，四時行，百物成。自然之妙用，眞誠无妄，故名无妄。妄者，以無爲有，以有爲無之事也。蓋人無一點之妄，則天人合一，至眞至誠，世間如此之人甚多；故得此卦者，凶多吉少。彖辭中有「匪正而有眚」之言，即教人行動宜合天意也。行動合天意，則爲无妄；行動以人意，則爲

妄。

（各爻之解）此卦，通觀六爻，則初九爲卦之主，均爲善者，故吉。六二隨當然之理，不假造作，故利。六三不中不正，非己之所致，不免天數之災厄。九四剛而無私，守貞而無咎。九五以道自治，雖有疾，然不變其所守，終有喜。上九居卦之終，无妄之極，不正而行則得禍。蓋初之吉，二之利，皆勉其不動也。上之有眚，戒其動之窮也。

（占）天氣晴，初爻動則雨，二爻動則風。◯家宅旺盛，爲人口繁盛之兆。◯己身，時運旺盛，但貨財雖多，然而爲妻所尅，難免疾病。◯婚姻可成。◯生產得男，得女子則母有災。◯仕宦，依賴他人則事成，不可自求。◯求事，春夏成，秋冬不成，依賴婦人則有阻隔。◯訴訟凶，宜和睦。◯盜賊，匿西南廟宇中，可捕得。◯

失物，可以尋得，不可問女子。〇尋人，自己尋之則不利。〇出行，不必疑慮。〇待人來。〇買賣，久則成，可以多得利益。〇疾病，有先危後安之意，男子吉，婦女凶。〇希望，時未至，急難成。

變卦

初爻變　心身不堅固，則有凶災。

二爻變　關于親人，有憂慮之事。

三爻變　吉。

四爻變　關于印綬，圖章，書籍等物，將有損失。

五爻變　將有爭論之事，宜謹慎。

六爻變　吉。

山天大畜　艮上乾下　十二月卦

水	—	官鬼	
水	--	妻財	應
土	--	兄弟	
土	—	兄弟	身
木	—	官鬼	世
水	—	妻財	

春吉　夏凶　秋凶　冬平

䷙山天大畜（全卦之解）此卦，乾在下，艮在上，乾者健也，艮者止也；以艮之制止而止乾之銳進，故名爲大畜。畜者止也，又養也。蓋下卦之乾，健而將進，因上卦之艮而被畜。艮能止乾，又能畜乾。故得此卦者，居住不甯，身心憂苦，且含怒懷恨。但待時之至，徐徐處事，則其志必達。此卦，彖有利貞之辭。利者和也。貞者正也。和而且正，爲人事之至要。夫大畜之道，全在于正。故彖傳曰大正，此大正卽爲大畜。所謂君子正己而正人者，此之道也。人能法山之性，以畜天之德；則其德充實，日進无疆。

（各爻之解）此卦，通觀六爻，則六爻專言畜止之義；初九雖抱剛健之德，初陽尙微，故能受六四之畜，知難而自止。九二，履得其中，有知時之明，其功不可遽成，止而不行也。九三，以陽居陽，恃剛而才驅，未免有銳進之嫌；惟艱貞以自處，見可進而進，可以濟世，可以保身。六四當大畜之任，居艮之始，能止乾陽之進者也。六五，以柔中而處尊位，爲制惡之道。柔能制剛，得吉者也。上九居通顯之地，體至公之道，捨己而從人，成大畜之終，爲君子之道大行之時。凡人之作事，健則太過，止則不及。過則僨事，不及則事不成。在大畜之義，可以自得。

(占)天氣降雨，久而不晴。○家宅，近山有利，爲家事隆盛之兆。○己身，時運不佳，二年之後，運至福來，往無不利。○婚姻凶，今雖可成，後將分離。○生產，雖得男，然而結果凶。○仕宦，至三十歲之後，可爲國家之用。○求事，不宜速，宜遲。○訴訟，始喜而繼憂，終則和。○盜賊，在東北方，但爲我之知音；四爻動則離捕。○失物，難尋；久則可在東北水邊得之。失物在家內。○尋人，可得。四爻動則難尋。○出行，緩行則吉。○待人，不來。○買賣，近則三月，遠則三年，可得大利。○疾病，兩不便利，腹滿之症難治。○希望，性急則誤事。

變卦

初爻變　婚姻成，求財出行吉，訴訟平，謀事成，病危。
二爻變　求財，謀事，均有利；失物可以覓得，訴訟有理，病愈。婚姻不成。
三爻變　訴訟不利；求財，謀事後吉；姻婚成。
四爻變　求財，謀事吉；婚姻不成，訴訟有利，行人不至。
五爻變　訴訟無利，求財不得，謀事不成，病凶，婚姻凶。
六爻變　訴訟可勝，婚姻不成，求財可得，病凶，行人不至。

山雷頤　艮上震下　八月卦　春凶　夏平　秋吉　冬利

木	⚊	兄弟	
水	⚋	父母	身
土	⚋	妻財	世
土	⚋	妻財	
土	⚋	兄弟	
木	⚊	父母	應

䷚山雷頤（全卦之解）此卦。上艮止而下震動，觀卦象則上九一陽之上腮，有四五二陰之上齒。初九一陽之下腮，有二三二陰之下齒。上腮着頭而而止，下腮動而食物，此頤口之用也。故名曰頤。頤者養也。養亦不一，飲食衣服，養形者也。威儀禮貌，養德者也。推己而及物，所以養人也。養亦各有所在。內而養一身，外而養天下。要而言之，得其正者吉，故曰：「頤者貞吉」。此為返善遠惡之卦，故知不善之事，則當速改之；頤口之象為謹言語，節飲食，動止得其道。得此卦者，對于言語及飲食，均須謹慎。

（各爻之解）此卦，通觀六爻，則上卦三爻，皆所以養人；下卦三爻，皆所以自養；而養之道則以養人爲公，以自養爲私。自養之道，以養德爲大，以養體爲小。故初二三皆養口體。私而小者也。四五上皆以養德而養人。公而大者也。不論養人與自養，皆以得正而吉。初爻以陽處下，爲動之始，動而求自養者也。故凶。六二處下體之下，不應上而反養初九。故凶。六三雖應上爻，然而與頤養之貞相反，自諂而媚者也。故亦凶。六四身居上卦，以得正而應初九，以上養下，得養之宜。寡欲而吉者也。六五，陰居陽位，比于上九。行則失類，居則貞吉。上九以陽處上，履四陰。象陰皆由之而得養，故吉也。蓋全卦皆爲養生之道。

（占）天氣陰。○家宅爲在山上，有二門之象；此宅有地盤震動之患，又當愼防火災。○己身，貨財多，有聲名騰達之意，但妻緣薄。○婚姻凶，有妻尅夫，夫尅妻之意。○生產，得男，夏秋則爲女，母有病。○仕宦，不遂；然而後來則吉。○求

事，初不成，後可成。○訴訟，始大而後小，依賴他人則凶。○盜賊，在東北，可捕得。○失物，混于他物之中，一時雖不見，然而後來則自出。○尋人，不久可以相逢。○待人不來。○買賣，守舊吉，爲新事則無利。○疾病凶，有不能進食之意，四爻變則難治。○希望，急則難成。

變卦

初爻變　有障碍而困難，故吉。

二爻變　依賴親人之力則吉；有損失，和順則半吉。

三爻變　半吉。

四爻變　有物阻隔，宜靜。

五爻變　須注意書籍印綬等物。

六爻變　宜貞實守身，必有幸福。

澤風大過　二月卦　春吉　夏平　秋凶　冬平

兌上　巽下

妻財	⚋	土	身
官鬼	⚊	金	
父母	⚊	水	世
官鬼	⚊	金	
父母	⚊	水	
妻財	⚋	土	應

䷛澤風大過（全卦之解）此卦，巽在下，兌在上，四陽積于中，而陽過大；巽木在兌澤之中，水雖養木，然而樹木涵養于澤中，故其養過大反而害木；又，兌之少女居上，巽之長女居下。以少女則過凌，以長女則過讓，皆爲大過之象，故名大過。全體爲房屋棟樑之象，故得此卦者，身心不安，百事不如意，又强我意而行，爲大有後悔之時。均不可進。

（各爻之解）此卦，通觀六爻，則剛陽過盛，有不能運動之象；譬如人之肢體肥重，不能轉運。又，四陽居中，二陰退而聽命，下無根底，生氣已斷；上無附屬，枝葉既凋。故爻辭有枯楊之象。蓋六爻之中，陽爻居陰位，陰爻居陽位，陽居陽，陰居陰者也爻不同，故義亦各異；初六，以陰居陽，其過尙微，亦足助剛，故无咎；九二，以陽居陰，過而無過也，故亦无咎；九三，以陽居陽，是過而又過也；四剛在中，如屋之棟；剛而自用，終致棟撓，故凶；九四亦以陽居陰，過而不過，四與初應，得其所藉，故吉；九五，以陽居陽，過而不復過，與二爻同；然至陽五而極，故象傳可久；上六，以陰居陰，四剛既傾，是過之終極也。所謂過而涉，以忠救時也，故雖有滅頂之凶，然而无咎。

（占）天氣，久陰久雨。○家宅，利與他人同居，惟可遊樂。○己身，貧窮而與妻不和，或可有兩妻。○婚姻不利；配偶之間，老少不均。○生產，得女。○仕宦，不利，宜退身隱居。○求事，可成。○訴訟，有妨碍。○盜賊，隱于西方，可得。○失物，墜于水中，難得。○尋人，難得，音信可得，尋之則得。○出行吉。○待人，不來。○買賣難成。○疾病，雖重而可治。○希望，難成。

變卦

初爻變　大凶，諸事宜謹慎。

二爻變　靜以待時，則吉；有關于女人之患難，宜注意。

三爻變　有九死一生之大厄，宜有信心。

四爻變　不正之人有大難，宜謹慎。

五爻變　謹慎口舌爭論，則大吉。

六爻變　關于居室及婦人之事，有大損失。

坎爲水 坎上坎下

水	兄弟	世	
土	官鬼		
金	父母		
火	妻財	應	
土	官鬼		
木	子孫	身	

十月卦 春吉 夏凶 秋凶 冬吉

䷜坎爲水（全卦之解）此卦，爲重坎之卦，亦名坎；坎之卦，陷于一陽二陰之間，則必有危險以其相重而進，進險退亦險，有加困于困上之象；故得此卦者，居住不安，憂患多，又有疾病盜賊等非常之災難；在彖辭中有「重險」之言，觀此可知其險非一也。然而坎之象上下虛而中實，中實爲孚，孚者以心相格，其心自然亨通，人之初涉險者，往往臨險而却步；然而習熟之者，則視之如平地，心泰神旺，一往直前，必可成功。此所以尙坎之習熟也。

（各爻之解）此卦，通觀六爻，則同處困難，各有吉凶；初六，履險爲始，習而未精，遂陷于深坑中，外無援應，自不能濟，以是凶也；九二，剛中，求而有得，則險而不險，在險爲亨；六三，兩坎相接，不能出險，是以終無功也；六四，雖抱忠貞之心，然而局量狹隘，自乏救險之才，惟祈鬼神；從九五之陽，可以出險。上六，居坎之極，陷險而入獄者也；失初六之道，則尚可宥；失上六之道，則不可宥。懲之三年，以期其悔悟，故曰：「三歲凶」。

（占）天氣久降雨而不晴。○家宅遷居于江河之邊，又有營造之象。○己身，一家分而爲二，又有去國之患。○婚姻成，有親上加親之象。○生產安，得男，產後有虛驚之意。○仕宦，難成。○謀事，後可成。○訴訟吉。○盜賊，在近江河之處，又隱于山林。○失物，宜向水邊尋之，急尋可得，遲則難見。○尋人，宜向南方水邊尋之。○出行，不宜，有死亡之恐。○待人，遠方之人雖來，近處之人不來。○買賣得利。○疾病，危篤難治。○希望，有阻隔，急則難成。

變卦

初爻變　訴訟勝，求財無，婚姻成，病凶。

二爻變　訴訟負，餘均吉。

三爻變　訴訟勝，婚姻成，出入吉，待人歸，求財吉。

四爻變　求財凶，餘半吉。

五爻變　謀事成，病重，有災，其餘半吉。

六爻變　諸事不吉，必須愼重。

離為火　離上 離下

火	⚊	世身	兄弟
土	⚋		子孫
金	⚊		妻財
水	⚊	應	官鬼
土	⚋		子孫
木	⚊		父母

四月卦　春凶　夏吉　秋疾病　冬不利

䷝離為火（全卦之解）此卦，為重離之卦，亦名離卦；離者麗也，麗于一陰二陽；火之爲物，有氣而無形，着物而其形不顯，故離爲火，有文明之意，又有美麗之意；然而有飛鳥罹于羅網之象，故得此卦者，有得罪遇救之事，又有損財之患；其人心志不定，易移于物，不與人親和；蓋此卦爲中虛之象，人心亦爲中虛；離爲火，人心亦爲火；離取明，人心亦取其明；火無質麗于物而生災；心無形，有所麗而發神；以是麗于慾則爲邪，故人心之所麗，欲得其正也。

（各爻之解）此卦，通觀六爻，則以初爻爲始。如火之始燃。敬于始，故得无咎。二爻如日之正中，故云元吉；三爻居內卦之終，其明將沒。如日之正夕，哀樂失常，故凶；九四，介于二卦之間，火勢炎上，將有痛苦，故凶。六五，柔中而居尊位，爲外卦之主；憂盛防危，故吉。上九，居明之終，離勢已成，天下有不服王化者，奉王命征伐之，得无咎。全卦二五兩偶，內外相應，得中得正。

（占）天氣降雨，不然則久陰。○家宅，有盜賊及火災之恐，一切不安寧。○己身，始不佳，後吉然被妻尅。○婚姻難成，縱成亦凶，必有繼妻。○生產難，或將生變。○仕宦進而求之，可成。○求事，有阻隔，難成。○訴訟爭動則凶，人侵己則己吉，己侵人則己凶。○盜賊，由北方移至南方，用他人之力，則可捕得。○失物，速問女子，可以覓得，遲則不得。○尋人不得。○出行，不利西北。○待人，不來。○買賣，成遲而有利。○疾病，爲熱症；男子可治，婦人難治。○希望，難成。

變卦

初爻變　事靜則吉，性急則敗。

二爻變　無信心則悉離，或有損失後悔。

三爻變　事靜則吉。

四爻變　家中有難，宜謹愼。

五爻變　親人方面，有婚姻，領義子等事。

六爻變　有病苦，散財等事，宜謹愼，後則吉。

澤山咸　兌上艮下

六親	爻	五行	世應
父母	⚋	土	應
兄弟	⚊	金	
子孫	⚊	水	
兄弟	⚊	金	世身
官鬼	⚋	火	
父母	⚋	土	

正月卦　春吉　夏平　秋凶　冬平

䷞澤山咸（全卦之解）此卦，兌澤在上，艮山在下，山氣下降，澤氣上升，有山澤二氣[illegible]感之象；兌之少女在上，艮之小男在下；小男感少女，少女感小男。男女相感，無如小男少女之甚者，故名爲咸；咸者感也，又皆也同也；得此卦者，有意外之吉事，希望等較他人懇切，可遂其志，但有色情之難；然而行至遠國者，有往而不返之意；此卦在下經之首，取象于夫婦之始，爲婚姻之道；故象辭云：「娶女吉」以卦位而言，男在女下，故吉；兌者悅也，艮者止也；夫婦之道，悅而不止，則未免流于淫蕩；止而不悅，則或至失其觀樂而不淫，所以重婦道之利貞也。陰陽相濟，剛柔相交，咸之卦，可云：「德備。」

（各爻之解）此卦通觀六爻，則六爻皆應，咸和通達，元氣渾合，六爻皆以靜爲吉，以動爲凶；初爻在卦之下，其感尚淺。其動尚微；故不係吉凶。二爻爲腓；腓隨足而動，動則凶，不動則吉。三爻爲股，隨人之意而動，所執亦賤，故云：「往則吝」。四爻在三陽之中，爲心之位，得貞則吉，否則凶；五爻爲卦主，居兌之中；在脊背之內，爲不動之處，感而不感，動而不動，故无悔；上爻居全卦之上，發而爲言。然而不能以至誠相格，徒以美言取悅，爲咸通之薄者也。故六爻之中，所感各有淺深；悔吝吉凶，亦各隨其象而着。

(占)天氣，雖雨而早晴。○家宅，吉。○已身吉，得衆人之助。○婚姻吉。○生產得男，三四爻動則凶。○仕宦雖成，然有一失之憂。○求事成，但有口舌。○訴訟，宜和睦。○盜賊，居東北之山下，難捕。○失物，在家內，可以尋得。○尋人，難得。○出行，被人攔阻，難行。○待人，來。○買賣，費力而後成，可得大利。○疾病，有漲滿或留飲之意，寒多熱少，大概為凶兆。○希望可成，宜依賴他人。

變卦

初爻變　貞正則次第有喜慶，半吉。

二爻變　有損失。

三爻變　和順則諸事吉。

四爻變　守舊而靜則吉。

五爻變　止退則吉。

六爻變　進則迷惑凶。

雷風恆 震上巽下　正月卦　春吉　夏凶　秋失財　冬平

土	⚋	應	妻財
金	⚋		官鬼
火	⚊	身	子孫
金	⚊	世	官鬼
水	⚊		父母
土	⚋		妻財

䷟雷風恆（全卦之解）此卦，震雷在上，巽風在下，雷爲陽氣之動，風爲陰氣之動；二氣運動，則日月運行；日月運行，則四時變化；四時變化，則可長久；震之長男在上，巽之長女在下，夫位于上，妻居于下；夫出外而動，妻居內而齊。夫婦有室，子孫生生，而人倫之道，有長久不已之象，故名曰恆，恆者久也。故得此卦時，諸事可久，速則不宜；循序漸進，功成而志遂也；雷爲風，迅雷飄風，有不能終日之象；故或由其事物，有無形消亡之意；激雷怒風之象，有駭懼之意；震

巽爲木，故有次第繁榮之意，可隨事而斷；但雷風二物，雖至動至變；然其究極，則雷之發聲，其候不爽；風之嘘物，各應其時；自古如此，未嘗有失；故人體此象義，以應萬變；志有定所，其道不變，操守彌堅。事物因此而不移，此恒道之所以可貴也。

（各爻之解）此卦，通觀六爻，雖爲夫婦之恆；然而僅五爻有夫婦，他爻皆無恆。且六爻無吉辭，彖辭亦無咎；卦體六爻相應，剛柔二氣，交相爲用，剛有剛之道，柔有柔之道，享恆而無咎，唯其道可久；初六當恆之始，以始而求終，未涉其淺，速至其深，欲速則不達。徒勞無益，反見其凶；九二，雖失位，故悔，然爲巽之主；上六五與陰陽相應，以剛中之德而輔柔中之君，悔亡者也；九三居巽之極，其位雖正，然爲巽退，爲不果，其心不定，而德無正，恆雖貞，然亦不爲吝人所容；

九四以陽居陰，與初六相應；九四，久而無功；六五，雖爲震體，有柔中之德；然而爲婦則吉，爲夫則凶；丈夫之行，惟宜審義，不貴貞一；然而上六居恒之極，震之終，以動之極而振；以振爲恒，猶雷之發而不收，風之行而不止，故無功而凶。

（占）天氣晴。○家宅不宜新造而宜守舊。○己身不安，親戚朋友有離叛之意，但有妻之內助。○婚姻成，吉。○生產得男，母有難。○仕宦可成。○求事稍有利；望大則得小，望小則得大，雖有阻隔之人，然而不爲害。○訴訟，雖有驚恐，然而無害，西南方應有加害者。○盜賊，三日之內不得，則三年之後可知其住處。○失物在西南，難出。○尋人不急尋時難得，速尋則得，二人同行吉。○出行有口舌，宜問道而行，以防盜賊之害。○待人來。○買賣成，不可改換地方。○疾病不安。○希望難成。

變卦

初爻變　不正短慮，則居家有驚。

二爻變　有因親人而散財之事。

三爻變　貞正和順，則有大幸。

四爻變　宜守舊，不動則吉。

五爻變　爲新事業時，必有大損失。

六爻變　修身謀事大吉。

天山遯 乾上 艮下

土	⚊		父母
金	⚊	應	兄弟
火	⚊		官鬼
金	⚊		兄弟
火	⚋	世	官鬼
土	⚋	身	父母

六月卦 春吉 夏凶 秋平 冬凶

䷠天山遯（全卦之解）此卦，乾天在艮山之上；山在下，止而不動；天在上，上而不息；天氣上行，有山岳遯去之象；又在消長方面，由乾爲姤，由姤爲遯，勢將爲否爲觀爲剝爲坤。陰漸進，陽漸退，故名曰遯。遯者遁也，退也，故得此卦時，退則吉，進則不利；止則有利，始可無利；家道衰微，貨財有減損之意；然此爲前凶後吉之卦，故當困難之極，得此卦者，爲難解之卦；此卦，遯而亨者，小人得漸勢，君子見機而退，可以保身；若戀戀不退，則受禍；故遯而亨者，身雖遯而道則亨也。

（各爻之解）此卦，通觀六爻，則上卦爲乾建，有斷然捨去之象；下卦爲艮止，有留戀之意；故下卦不如上卦之吉，遯者不遠嫌，愈上愈吉也；就六爻觀之，則初爻遯而露尾，非眞遯也；二爻不欲遯而止；三爻遯而有所係，將遯而未決也；四爻不拘所好，超然遠遯者也；五爻以貞而自守，遯而得吉者也；上爻，遯而離俗者也。然而易經之道，未可執一而論，要在識時。

（占）天氣降雨。○家宅，門路不正，凶事速至，疾病多，遷徙利。○身上不佳，萬事難成就。○婚姻不成，成亦凶。○生產有障碍。○仕宦雖難成，然得樞要之地。○求事吉。○訴訟吉。○盜賊向遠方去，隱于東北山下。○失物難得。○尋人難遇。○出行有災。○待人不來。○買賣不利。○疾病爲虛耗之症。宜遷居。○希望難成。

變卦

初爻變　占子孫之事則凶，病愈，求財遲而不得，諸事不利。

二爻變　訴訟失理，病不愈，求財有。謀事遲。

三爻變　求財不得。失物難覓，出行吉。

四爻變　待人遲來，婚姻初吉而後破。萬事凶。

五爻變　出行吉，待人有便，謀事初吉，而後有反覆，求財可得。

六爻變　待人早來，訴訟宜和解，婚姻成就；此人十八歲及三十六歲時，命中有大難，宜注意。

雷天大壯 震上乾下

土	⚋	兄弟		
金	⚋	子孫		
火	⚊	父母	世	
土	⚊	兄弟		
木	⚊	官鬼		
水	⚊	妻財	應	身

二月卦　春凶　夏平　秋平　冬吉

䷡雷天大壯（全卦之解）此卦，震雷在乾天之上。雷奮于天上，其勢壯盛。又在消長方面，由復始爲臨，爲泰，今爲大壯。由此而爲夬爲乾，純陽旺盛，故名曰大壯；得此卦者，過于強猛，必生過失；蓋臣犯君，父凌子，又有侮人害他之震，故妄進則無過；夫人乘剛而動，適往直前，過剛則折，過勇則蹶，敗事之咎在此大壯之中雜卦傳中大壯則止，以此故也；震雖以震動爲主，然而此卦之爻象，皆有恐懼，易道惡過剛可知。

（各爻之解）此卦，通觀六爻，則卦體下乾而上震。卦象內剛而外動，此陽之上，乘壯，逼陰而欲決之，實爲容易；然而陰方得位，未可遽逼，不可恃剛，不可躁進，君子必爲非禮則無履。六爻分而屬于二卦，內三爻爲乾體，外三爻爲震體，以二五而得中；初爻爲乾之初，一往直前而不知退，故凶；二爻爲乾之主，喜得中而不失其正，故吉；三爻居于乾之終，小人指初，君子指二，分初與二而明之，小人處此，則將恃其壯而以危爲戒。四爻出乾而入震，爲大壯之主，以陽居陰，動而不違謙，故得吉而無悔；五爻居震之中，在平易之時，柔而得中，不用其壯，此卦用三爻之剛而不用壯，故無悔。上爻居震之極，進退維谷，艱則吉；要之，此爲處壯之要道。

（占）天氣降雨。○家宅，地盤不安，地折或井破，又有火災之患，宜遷徙。○己身有繁成之意，婚姻凶。○生產得男，但有母難。○仕宦先難而後易，求事難成；但初爻與五爻之動，則可進而求之。○訴訟可驚。○宜愼防盜賊。○失物難得。○尋人可得，動爻則難尋。○出行不利，不可信二人之言，防途中失脫，○待人，不來。○買賣難成。○疾病，足疾多，大抵凶。○希望，不遂。

變卦

初爻變　守舊則吉。

二爻變　正直而不愼，則有火災之厄。

三爻變　有爭論，宜愼。

四爻變，守他人之意見，則得長上之助，半吉。

五爻變　凶。

六爻變　半吉。

火地晉 離上 坤下　　二月卦 春吉 夏平 秋凶 冬吉

火	—	官鬼
土	--	父母
金	—	兄弟
木	--	妻財
火	--	官鬼
土	--	父母

䷢火地晉（全卦之解）此卦，離實在上，坤地在下，日出地上，有遍照萬國之象；又離明在上，坤地在下；己柔順而順從文明之人，其道升進。故名曰晉。蓋此爲出暗而進明，去苦而趨樂之卦；得此卦者，如旭日之上，氣運旺盛而百事如意，聲名聞達于四方。觀一家則父在上而明察，有義方而無溺愛，子在下

而從順，有孝敬而無忤逆。由此而家齊，則一家和睦，門庭樂觀；離卦十六象之最美者，無如晉與大有，大有者，明天在上，其明最盛。晉者明出地上，其明方新。故大象以君子自明明德。

（各爻之解）此卦，通觀六爻以初爻爲進步之始；人或不信我，我亦獨行其正；雖不能寬裕處之，然亦可獨行其正，寬裕處之也；二爻較初爻進一等，雖以得中心而懷憂愁，然吉而受福者也；三爻由此進，衆心允服，故可无悔；內卦三爻，皆得坤之順，故吉。四爻當外卦之始，出震而入離；首鼠兩端，有一前一却之象。故雖貞亦厲。五爻爲卦之主，柔進面上行，故往無不吉。上爻居晉之極，進而不順，必致吝也。外卦當爻離之位，高而難進，故多厲。聖人憂患而作易，于晉明之世，猶以貞厲貞吝爲戒，其旨可謂深矣。

（占）天氣晴，二爻動則降雨。○家宅，門破不正，改門爲宜。○己身，好運新來，百事吉。○婚姻成。○生產，得男吉。○仕宦，依賴知己可以遂望，九四變則破。○訴訟，久而得理。○盜賊，可向東南墓地之近邊求之。○失物，持向北方去，難得。○尋人，可向未申之山林中求之。○出行，二人宜向東南行。○待人，來。○買賣，與東南之人交易，可成。○希望，可成。

變卦

初爻變　諸事之占半吉。

二爻變　求財，後則成，婚姻不成，求事吉，待人不歸。

三爻變　訴訟和睦，婚姻成，尋人可遇，謀事吉。

四爻變　諸事之占半吉。

五爻變　訴訟可以和解，求財凶，病愈，失物尋覓不得，出入難望。

六爻變　出行不利，求財不得，婚姻不成，其餘均吉。

地火明夷　坤上離下　五月卦　春平　夏凶　秋凶　冬吉

金	▅ ▅	父母	
水	▅ ▅	兄弟	
土	▅ ▅	官鬼	世
水	▅▅▅	兄弟	
土	▅ ▅	官鬼	身
木	▅▅▅	子孫	應

䷣地火明夷（全卦之解）此卦，離之日入坤地之下，爲暗夜之象；火入地中，則火被土掩，火上而不能產明，故火被土覆，又不能用其明，故名明夷。夷者傷也，以是得此卦時，心身勞苦，或受意外之災難，爲困難之時。然而始困後達之卦，則固守貞正之道；取法此卦象，而晦己之明，應暫待時之至。此卦，在人則家門衰微，凶災荐臻，爲一卦之象；坤之母在上，離之子在下，子之才德雖明；然而子不得母之歡，不明猶可，明則遭禍尤烈；推之諸事，與人共事，則逢主任

之皆愚爲君從事，則遭長官之柔暗；有才而被忌，有德而被妬，非但不能成事，並且不能保全身命。故此卦之要全在晦德以保身。

（各爻之解）此卦，通觀六爻，明夷之時，太陽入于地中；明被夷，則賢者不被容于世，智者亦不被用于時，皆懷龍晦智，以保身爲旨。就六爻而言，則初九爲明夷之始，見機而早去，以潛藏爲貞。六二，文明中正而爲離之主，受坤之下，以匡救爲貞，守常道也。九三，當明極生暗之交，與上六相應，通變達權，順天而處事者也。六四，捨暗而投明，不見機潔身而去者也。六五，居坤陰之中，不幸而逢暗君，以一身而任社稷之重，能守貞正者也。上六爲明夷之終，暗甚而亡者也。總之，此卦以上六爲卦主，下之五爻皆因上爻而被傷，其中下三爻被傷尤甚。故皆揭明夷之二守，示傷害之重。

（占）天氣降雨。○家宅門前有小路，宅凶而憂慮多，或父子分居則倘可。○己身有大難，宜晦藏。○婚姻雖成，然而有口舌，又非正娶。○生產得女，母將受驚。○仕宦功名不顯，顯則必有災害，忌初爻之變。○求事，有阻隔之患。○訴訟凶，有禁獄之患。○盜賊，在近處，久可捕得。○失物，難得。○出行凶，宜止。○待人，不來。○買賣難成。○疾病危。○希望難成。

變卦

初爻變　婚姻成，求財得，待人及尋人均不利。

二爻變　待人歸，訴訟凶，病凶，其餘皆吉。

三爻變　訴訟吉，餘皆半吉。

四爻變　求財不得，其餘皆吉。

五爻變　求財不得。

六爻變　文書成就，訴訟婚姻吉，謀事可成。

風火家人　巽上 離下　　六月卦　春吉 夏凶 秋平 冬凶

木	▅▅▅	兄弟	
火	▅▅▅	子孫	應
土	▅ ▅	妻財	
水	▅▅▅	父母	
土	▅ ▅	妻財	世　身
木	▅▅▅	兄弟	

䷤風火家人（全卦之解）此卦，巽之長女居上，離之中女居下，長女得正而位于下，婦女有房而正，爲家道能齊之象；又九五之一陽，有夫之位，亦得中正，得夫婦中正而治家，則家道之齊可知。故名曰家人。然則得此卦之時，家內雖安寧，然而當世如此之人甚少，當此卦者，大抵家內不治，爭論有口舌，而憂苦不絕。壯年之人，有色情之難；故此卦所言彖辭爻辭，皆治家之要道；人事盡在是，家內之事女主之。自古以來，女子之質最難得；女之性陰則流而爲奸

險，柔則或溺于偏私，閨門之不治，皆由家教之不嚴；此卦，離火酷烈，故家教以嚴爲主；巽風柔和，故婦道以順爲正。以是家人之卦，取象于風火。

（各爻之解）此卦，通觀六爻，則初爻爲其女尚幼，先立其閑；二爻則稍長，當課以中饋之事；三爻則長成，故戒失節；內三爻則女猶在家，約束不嫌其嚴；四爻曰「順」者，得其正也；五爻曰「到」者，交相愛也；上爻曰「孚」者，家之本在身也。外三爻爲女已成家，乃終吉，爲教家之始。外二爻爲齊家之事，教家之終；始則立其防，終則要其成，極其道而成身者也。

（占）天氣降雨。○家宅，宜防火災。○己身，時運雖全盛，然而入邪則邪，入善則善，宜愼言行，然有依妻得利之象。○婚姻成，可爲貴人之媒。○生產，得男；冬則爲女，五爻變則有難。○仕宦難成，不可信他人之虛言。○求事，雖成而難遂。○訴訟，雖有婦女之妨碍，然而無害。○盜賊，居西北隅。○失物，在南方，難得。○尋人，不久可歸，二五之爻動則不歸。○出行，須待三四日之後。○待人，不來。○買賣成。○疾病難治。○希望，遲成。

變卦

初爻變　貞正和順，則家有喜慶。

二爻變　目下將有勞心之事，宜注意。

三爻變　吉。

四爻變　宜守舊，半吉。

五爻變　家內有添人口之事，大吉。

六爻變　有口舌爭競之事，宜謹慎，凶。

火澤暌 離上 兌下

火	土	金	土	木	火
⚊	⚋	⚊	⚋	⚊	⚊
父母	兄弟	子孫	兄弟	官鬼	父母

二月卦　春吉　夏平　秋平　冬凶

☲☱火澤暌（全卦之解）此卦，離火在上，兌澤在下；火本炎上，在上益上；水本潤下，在下益下，互相乖離；又離之中女在上，兌之少女在下；姊妹雖同育于父母之家，然其歸處各異，其志又不同，亦爲乖離之義，故名曰暌。暌者乖也，然則得此卦者，人心乖違，百事難成，辛苦多而財寶散亂；但爲內兌說外文明，則依其事而得吉，不可執一而論；夫不暌則本不合，惟暌則合，舉人因其暌而用之；天高地卑則爲暌，位定則天地之暌同，男外女內者暌也，禮定而男女之暌通，耕可着，織可食，車不可行水，舟不可行陸，皆暌也；火澤之用，普人事之準，于此而可立。

（各爻之解）此卦，通觀六爻，則互卦有重離有坎，離之明多覩而被傷，坎爲心病，故由睽生疑，疑則覩家人爲惡人，爲鬼，爲寇；疑釋則情親，爲夫，爲家，爲婚姻；前之相疑甚，則後之合亦甚切；睽合之機，在此一轉移間；以是而內卦皆疑而待之，外卦皆反而應之；初與四應，喪初之馬，四元得天而合二；二與五應，遇二之巽，噬五之膚而得合；三與上應，遇上之雨而得合；合則惡人化而同室，睽則家人疑而爲寇仇，恩怨反復，變態無常，始之睽者終合，卦合睽之象，易之變化所以無窮也。

（占）天氣降雨。〇家宅，與異性之人同居，家內不和，又有牆壁破壞之患，宜遷徙。〇己身，目下運氣顚倒，宜待時而成事。〇婚姻成，有口舌，女子將再婚。〇生產，得男，有難。〇仕宦，難成。〇求事，有阻隔，難成。〇訴訟，終可和。〇盜賊，應待再來而捕之，急則不吉。○失物，難得，但可向西北尋之。○尋人，難得。○出行有利。○待人不來。○買賣，不可急求，久而後成，有大利。○疾病重，治愈遲。○希望難成。

變卦

初爻變　有爭競之事。

二爻變　親人不利。

三爻變　吉。

四爻變　有損失。

五爻變　宜守舊。

六爻變　關于婦人之事有爭競，宜謹慎。

水山蹇 坎上 艮下　八月卦

水	⚋	子孫	
土	⚊	父母	
金	⚋	兄弟	世
金	⚊	兄弟	身
火	⚋	官鬼	
土	⚋	父母	應

春凶　夏自如　秋吉　冬疾病

䷦水山蹇（全卦之解）此卦，坎險在上，艮止在下；此有止于險中，不能出險之象；又，坎水在前，艮山在後，進則前有水，退則後有山，前後皆險，而有進退維谷之象；在全體，則九五之一陽，雖在君位；然爲坎險之主，陷于險中；九三之一陽剛强而爲艮止之主，止于內卦之上，不朝九五之君；天下有二君，爲蹇難危急之象，故名曰蹇。蹇者難也；然則得此卦者，不問貴賤貧富，身心憂苦，所計皆空，爲陷于困難之時。然而見蹇則可漸脫危險。

（各爻之解）此卦，通觀六爻，則不僅知險而止，又能知往處之利與不利；

往處不誤，在能濟蹇；初爻居艮之下，當蹇之始，去蹇猶遠；宜觀變待時而動；二爻居下卦之中，以國事爲己事，犯難而不顧；三爻爲艮之主，當上下之交，與坎險相鄰，往而濟九五之大蹇；四爻接近五爻之君，爲其所倚重，君臣一體，如心腹股肱之相連，勉強濟蹇；五爻中正而當君位，合諸爻之蹇以爲蹇，蹇之大者也；居上爻之極，躬居局外，雖不及蹇難，然而賢人君子，憂世傷時，身雖不當君位，亦宜與聞理亂，助五爻之君而匡時。蓋五者君之道也；見民之危，猶如己之危，此相道也；君之憂如己之憂，以身任天下之重者，固當如此也。

（占）天氣降雨。○家宅有被山水淹壞之憂，○己身氣運艱難之時，可勉強出險。○婚姻不成，成亦有口舌。○生產難。○仕宦先難後成。○謀事，遲成。○訴訟，宜停止，出訟廷則凶。○盜賊，在東北山下，宜早尋。○失物，宜向東北水邊尋之。〇尋人，難得。〇出行，有破財之事，遲出則有利。〇待人，不來。〇買賣，隔而不成。〇疾病，急則難治，或有足疾。〇希望，先難後成。

變卦

初爻變　初則辛苦多，後則大吉。
二爻變　宜守舊，半吉。
三爻變　得助而喜，則吉。
四爻變　吉。
五爻變　可得財物。
六爻變　凶，有信心則可免災厄。

雷水解 震上坎下　十二月卦 春平 夏吉 秋凶 冬不利

▅▅　▅▅	土	妻財
▅▅　▅▅	金 應 身	官鬼
▅▅▅▅▅	火	子孫
▅▅　▅▅	火	子孫
▅▅▅▅▅	土	妻財
▅▅　▅▅	木	兄弟

䷧雷水解（全卦之解）此卦，震雷在上，坎水在下。雷雨作而天地鬱結之氣解；解在全體方面，九四之一陽，在執政之位。有剛明之德；九二之一陽，居將帥之職，有剛中之才，可解天下之難；六五之君，有柔中之德，比四應二，委任賢才，有解難之象，故名曰解。解者脫也，緩也；然則得此卦者，能解脫從來之險難；但僅脫難而喜未至，爲元氣未復之時；且其處險之道，不動則不能脫險，動則必審其方向，又須得衆力，及其已解，則如人之病愈，而血氣未復，宜休養之；又僅脫困難，猶爲有害，故當除去之，此卽爲能解之時。

（各爻之解）此卦，通觀六爻，春氣一動，則雷雨交作，天下之積氣乃解，萬物之生機始有通達之象；其爲難者爲坎，其解難者爲震；初爻爲難之初平之時，惟求無咎而已至二爻則難已除，得貞吉者也；三爻難雖消，然以寇而致寇，自取咎者也；四爻難未全解，尚望人之相助；五爻能以心相孚治理羣衆；上爻積惡未靖，可以武力除之；作難者爲小人，而解之者爲君子。五爻爲解之主，即君子爲解之君也。

（占）天氣長久降雨，又有風雷之恐。○家宅不利，應與人中絕。○己身，可免災難，爲振作之時。○婚姻難成，成後亦凶。○生產，得男。○仕宦三爻五爻動則成。○謀事，有阻隔而不成。○訴訟長久，三爻五爻動，則可無事。○盜賊，難捉。○失物，難得。○尋人，難得。○出行，吉。○待人，不來。○買賣可成。○疾病危險。○希望，處事有利，遲則不成。

變卦

初爻變　宜防口舌。

二爻變　在家族親戚之中，有喜事，吉。

三爻變　宜守舊，不可性急。

四爻變　待時則吉，與人有爭競之事。

五爻變　謹慎則有疾病。

六爻變　關于事物有憂慮，不可輕舉。

山澤損 艮上 兌下

官鬼 ⚊ 木 應
妻財 ⚋ 水
兄弟 ⚋ 土
兄弟 ⚋ 土 世
官鬼 ⚊ 木 身
父母 ⚊ 火

七月卦 春平 夏吉 秋吉 冬平

䷨山澤損（全卦之解）此卦，艮山在上，兌澤在下，山漸夷，澤漸堙；山澤俱損其形；又山氣上而澤氣下，山澤之二氣不相交，則山不生草木，澤不生魚鱉，山澤俱失其功用，故名曰損。損者減也，夬也；故得其卦，則可損己益人；又損利慾則益德，損驕奢則益財；損其可損，則雖損不損；損其不可損，則不損而已損。夫損人而益己，則如損公而益私，皆損而得咎者也。損之道，亦視人之用之如何而已。

（各爻之解）此卦，通觀六爻，則爲地天泰之時；有上六來而居三，九三往而居上之象；卽損下而益上，損民而益君也；凡治國之道，損民之財，而益君之驕，則其國罷敝；是損之義，爲否泰之兆；六爻損者，審彼我，度終始，義各有在；初爻處卦之始，卽爲謀事之始，酌輕重緩急之宜，而損之者也；二爻處內卦之中，以不損而爲利貞者也；三爻爲損之主爻，而損其一者也；四爻爲外卦之始，與初九相應，而損其病者也五爻柔順而得中，以孚下而人獻其誠，有意外之益，故不言損；上爻居損之極，不可損則不損而益之；蓋卦既名損，爻辭多不云損，六爻之意，皆取孚誠也。

（占）天氣降雨。○家宅有盜賊之患，宜注意不怠。○己身，目下性情不定，關于親戚兄弟等，應有勞苦。○婚姻成。○生產難。○仕宦，先難後成。○謀事雖成，然而損財。○訴訟，雖損他人，然而已可得利。○盜賊，宜向東北方尋之。○失物，難得。○尋人，可得。○出行不利，有謀我者。○待人，不來。○買賣，兩三次可成。○疾病，可治。○希望，急難成就。

變卦

初爻變　婚姻不成，求財吉，訴訟有理。

二爻變　訴訟可和睦，婚姻成，謀事成，求財可得，病安。

三爻變　訴訟和睦，婚姻及謀事均成，求財可得，病吉。

四爻變　謀事及婚姻均成，求財可得，病吉。

五爻變　訴訟勝，婚姻不成，求財可得，病安，出行，謀事均吉。

六爻變　訴訟凶，病危，婚姻不成，求財不成，出行吉。

澤天夬 兌上 乾下

爻	五行	六親	世應
⚋	土	兄弟	
⚊	金	子孫	世
⚊	水	妻財	身
⚊	土	兄弟	
⚊	木	官鬼	應
⚊	水	妻財	

三月卦　春平 夏吉 秋福德 冬凶

䷪澤天夬（全卦之解）此卦以兌澤而在乾天之上，澤氣登于天上則必成雨。此决去之義也；又以乾天之至剛，而對兌之至弱；以我之剛强，决彼之柔弱，其决去也甚易；在全體方面，以五陽對一陰，以一陰抗五陽；以五陽而去一陰，爲以君子去小人之象，故名曰夬，夬者決也。然則得此卦時，過于剛強，則有破事之恐，又有物體散亂而受傷之意；過剛則人心離散，災害荐臻；故須忍耐柔和，方爲有利，此卦，以五陽之君子，而去一小人；以去惡爲務，故可有利；然而君子不敢輕易舉事，必須深慮熟思，不得已而後決之；一人之孤雖無害，然而有一奸則衆人皆被其害，與有一秕而百穀咸受其害相似；去惡與去草同，必須絕其根，不可使之復萌；法此義而處人事，起居動靜，以崇去邪爲主，此處夬之道也。

（各爻之解）此卦，通觀六爻，則小人居高臨下，以壓制衆君子；君子雖衆，然而不易去此小人；若輕一陰之微，恃羣陽之勢，而立卽去之，則必釀災禍。故六爻之辭，諄諄垂戒，不堪危懼；初九，以不勝爲戒。九二，以有戒而懼者也。九三，以凶爲戒者也；九四，行而不進者也；至于九五，始可云无咎。聯合羣陽，而得決一陰之事者也。上六，卦之終已盡，小人之道已消者也；然而君子易消，小人難退；夫一陰未盡于上，姤之一陰卽生于下，陰陽之消長，非人力之所爭，保護之者，惟存于其人而已。

（占）天氣陰。〇家宅，有水災，居住不安。〇己身，氣運强盛，宜散財，不宜聚財。〇婚姻凶。〇生產得男。〇仕宦不成。〇求事，始不成，後可成。〇盜賊，已向西方去，難以覓得。〇失物，向西，此方尋之可得。〇尋人難遇。〇出行，出則失財。〇待人，不來。〇買賣，難成。〇疾病凶。〇希望，有妨碍，難遂。

變卦

初爻變　宜靜以待變，性急則凶，秋則吉。

二爻變　改善諸事，則吉。

三爻變　婦人之事有喜慶，宜愼色情。

四爻變　凶。

五爻變　不正之人有災害。

六爻變　正直之人得尊貴之師，謀事成，半吉。

天風姤 乾上巽下　五月卦　春不利 夏疾病 秋吉 冬半凶

爻	五行	六親	
⚊	土	父母	
⚊	金	兄弟	
⚊	火	官鬼	應
⚊	金	兄弟	
⚊	水	子孫	身
⚋	土	父母	世

䷫天風姤（全卦之解）此卦，巽風在乾天之下；風之行天下也，徧觸萬物。在全體方面，初六之一陰爲巽之主，而遇五陽；又在消長方面，由姤而爲遯，爲否，爲觀，爲剝，終則爲坤。此爲陰長而遇陽之象，故名曰姤。姤者遇也；然則得

此卦者，有非所望而卒然相遇之意；物之聚散無常，故思慮不定，而心中迷惑；以一陰而遇五陽，則如羣男愛一不貞之女，難免爭競之事。彼雖剛强而不容我，然而我以柔順應彼，則彼不拒我，而得相合，此處姤之善者也。

（各爻之解）此卦，通觀六爻，則天之淸明，微風作起，有適相遇合之象；天雖遠而風無不達之處，有教化行于天下之象；惟一陰初生于下，其勢漸積漸長，甚至侵陽，故彖辭有女壯之戒。初六，巽之主，爲女之象，故以不動爲吉；往則凶；九二居內卦之中，當剛柔相遇之始，包藏禍根，必須不啓變，不養奸，方得旡咎。九三，初爲陰剝，尙不失健行之性，故得旡咎；九四，以陽居陰，失應得之物而凶；九五，陽剛中正，以剛包柔，不使惡長者也；上九，爲姤之終，窮于上而吝者也。

（占）天氣陰，有風。〇家宅，不吉。〇己身，小事吉，大事則不利男子。〇婚姻，雖成而不利。○生產，平安。○仕宦，雖成而無祿位。○謀事，依賴女子則可成。○訴訟，爲時頗長。○盜賊，在西南方，可以捕得。○失物，難得，依賴女人則可得。○尋人，居南方親戚家中。○出行，向北方行則吉，被女人所留則不利。○疾病，有凶兆。○希望，太大則有禍。

變卦

初爻變　婚姻，求財，家宅等均吉，其他萬事大吉。

二爻變　求財有口舌，會貴人吉，病凶，官事得財。

三爻變　求財難得，婚禮成，訴訟不吉，謀事失望。

四爻變　謀事，求財吉，婚禮成，訴訟吉。

五爻變　訴訟吉，婚姻成，凡事半吉。

六爻變　疾病危，訴訟宜和解。

澤地萃　兌上坤下　　六月卦　春吉　夏口舌　秋平　冬平

爻	五行	六親	世應
▬ ▬	土	父母	身
▬▬▬	金	兄弟	應
▬▬▬	水	子孫	
▬ ▬	木	妻財	
▬ ▬	火	官鬼	世
▬ ▬	土	父母	

䷬澤地萃（全卦之解）此卦，兌之和悅在上，坤之巽順在下；上和悅而愛下，下巽順而聚于上。我順則聚于彼，彼悅則聚于我。在全體方面，二陽聚于四五，四陰聚于二陽，故名曰萃。萃者聚也。得此卦者，運氣平順，諸事均吉；人類聚其精神財力，皆萃之道也；不順則散，不悅則離，不剛則人不服；此卦，順而有喜；剛中而應，聚而得正者也。

（各爻之解）此卦，通觀六爻，則以五爻為萃之主。剛中之大人也。二為萃，初與四亦為萃，可以其位而致萃。故云：「萃而有位。」上則無位，未免涕泣而不安；三與上應，上悲則三亦嗟嘆。總而言之，六爻皆反復言萃，初以萃而致亂，三因萃而興嘆，上因萃而流涕，皆得萃之正；五得萃之吉，二得華之孚，所謂順而悅，剛中而應者也。

（占）天氣，久不降雨。○家宅，宜防水災。○己身，平穩；然有安不忘危之利。○婚姻可成。○生產，得女吉。○仕宦，遲成。○謀事，與軍人共求則吉。○訴訟吉。○盜賊，在東方，共有三人，可捕得。○失物，在西南方，難得。○尋人，向西南方尋之可遇。○出行凶，有口舌。○待人，來。○買賣成。○疾病難治。○希望成。

變卦

初爻變　老人吉。

二爻變　不正則凶，又宜愼防盜賊。

三爻變　婦人之事，有喜慶及損失。

四爻變　安靜則吉，性急則與人爭而有損失。

五爻變　吉。

六爻變　凡事不吉，又有與親人不和之事。

地風升　坤上 巽下

五行	六親	爻	世應
金	官鬼	⚋	
水	父母	⚋	
土	妻財	⚋	世
金	官鬼	⚊	
水	父母	⚊	身
土	妻財	⚋	應

八月卦　春吉 夏吉 秋平 冬平

䷭地風升（全卦之解）此卦，巽木在坤地之下，有果實播于地中之象；果實之在地中也，必得時而發生，由地下升于地上；又為巽風入坤地下之象；風之為物，本不在地中，後必發生而升于地上。故名曰升。得此卦者，運氣漸進，希望可遂；卦之六吉以柔而升，柔依剛而立，其志斯伸，積小而成大，故云：「重大。」譬如升高者必自卑。時不可先，又不可後；以柔而升，靜以待時之謂也。

（各爻之解）通觀六爻，則卦名取地風，卦象取地木風從地起，木從地出，巽爲風，亦爲木。木與風，其升一也；爻象內三爻爲巽。初爻爲巽之主，上升而得大吉者也；二爻備剛中之德，先咎而有喜者也。三爻爲巽之終，歷諸難，位日進而日高，升而無疑者也。外三爻爲坤。四爻言：「享于岐山」之事；五爻柔中，位極其尊，升階得貞吉者也。上爻居坤之極，升而至上，升至無可升之處；在人則祿位已盡，一切富貴權利，消歸何有之鄉；惟道德功名，則可流傳不朽。

（占）天氣降雨，可以早晴。○家宅，初小而後大。○己身，運氣漸佳。○婚姻可成。○生產得女。○仕宦可成。○謀事，遲成。○訴訟吉。○盜賊，急則可捕，在西南。○失物，在西南方，難覓。○尋人，可向西北尋之。○出行，宜往北方，進則吉，退則不吉。○待人來。○買賣有利。○疾病危。○希望成，凡事不宜速。

變卦

初爻變　吉。

二爻變　貞正和順，則家內有喜。

三爻變　守舊而不變動，則有凶兆。

四爻變　家事吉。

五爻變　不正之人，有災害，半吉。

六爻變　宜慎防口舌爭論。

澤水困　兌上坎下

父母	▅ ▅	土	
兄弟	▅▅▅	金	
子孫	▅▅▅	水	應
官鬼	▅ ▅	火	身
父母	▅▅▅	土	
妻財	▅ ▅	木	世

五月卦　春吉　夏凶　秋平　冬凶

☱☵澤水困（全卦之解）此卦，兌澤在上，坎水在下，爲澤中無水之象；上之五卦以巽爲木，澤竭則木槁；下之五卦以離爲日，日晅則水涸。故名曰困。困者，如在敵人重圍之內，又如陷于獸穽之中，困而不能出者也。得此卦者，志不能達，辛苦頗多。此卦，困而貞大人吉；二五剛中，有大人之象；在困而不失其亨，坎險雖起，而不失兌悅；身雖苦而道自亨，故處困之時者，樂天知命，不爲險阻艱難奪其志，盡我之道而已。

（各爻之解）此卦，通觀六爻，則爻象之義，往者由下往上也，來者由上降下也；來者齟齬而不合，往者中外互蹇；初爻株木支于內，三爻蒺藜拒于中；上爻葛藟；九二在險中，九五與九二同德，爲極困之主，被四阻隔，必待四來，五乃得與二相合；苟不去三之蒺藜，則四未得往；上之葛藟不去，則五亦未通；故困之害在三上，必去三上，始得無憂。總而言之，苦之者爲柔，被苦者爲剛；困者終亨，困愈深者成愈大。孟子所論「天降大任」一章，可爲此卦之註脚。

（占）天氣，將有大雨。○家宅，庭中有枯井，妻子有災。○已身，運氣不佳，宜安分待時。○婚姻雖可成，然而後來則男夭女寡。○生產安，四爻變則得女。○仕宦，難成；名成則身危，身存則名歸。○謀事，先難後成。○訴訟凶。○盜賊隱于東南，可以捕得。○失物難尋。○尋人可遇。○出行，利西北。○求財不得。○買賣不成。○疾病危。○希望難成。

變卦

初爻變　諸事半吉。

二爻變　進退均出意外，順入則吉。

三爻變　諸事凶。
四爻變　性急則有災害。
五爻變　恐有損失，宜愼色情。
六爻變　對于口舌爭論宜謹愼。

水風井　坎上巽下　三月卦

父母	▅ ▅	水	世身
妻財	▅▅▅	土	
官鬼	▅ ▅	金	
官鬼	▅▅▅	金	
父母	▅▅▅	水	應
妻財	▅ ▅	土	

春凶　夏災　秋吉　冬有利

䷯水風井（全卦之解）此卦，坎水在上，巽木在下，以木爲瓶，有瓶入水中，汲水上升之象，故名爲井；井者，養生保命之本也；井之爲物，任人汲水而水不竭；在井則對于人之汲水，無關得失。得此卦者，宜法井之德，修己而惠人；至于遭遇如何，則當聽之于天，不改其德；井有節之意，節井之水而備養，猶如人之節財而備用；凡天下之事，節其源。通其流者，皆可視之爲井；此卦，三陰三陽；乾以初而化巽，坤以之而化坎；以乾爲利，以坤爲用；利用者爲財，厚生者爲農，皆人事之切要者也；有其養而不知所養，井遂成虛器；有其財而不知所用，則財遂歸于虛；此非財與井之咎，在人之不善取之耳。

（各爻之解）此卦，通觀六爻，則全象以坎爲主，此爲井中之象；出陰虛而爲汲口，初爻爲陰而在下，故爲井泥；二爻承陽而爲坎，故爲敝漏；三爻得位而應上，故受福；四爻修德補過，故爲井秋瓦；五爻陽剛中正，故爲美泉；上爻成井養之巧，故爲井體；以卦時而論，則初爻當春夏之交，水源混濁，故井有泥；二爻當離夏，水多魚；三四兩爻爲秋，秋水澄清；五爻爲冬，故井水寒冽；上爻爲嚴寒之終，故水養亦竭；大低下卦坎水流行于東南，失時而不遇，故不吉；上卦水歸于西北，得其方位，故爻吉也。

（占）天氣降雨，久不能晴。○家宅，近水而居則不安。○己身，宜安分守己，否則有損無益。○婚姻半吉。○生產不安。○仕宦不吉。○謀事，始難成，後可成。○訴訟長久，有田地之爭。○盜賊難捕。○失物可得。○尋人難得。○出行吉。○待人來。○買賣難成，成則有大利。○疾病重，治愈遲。○希望難成。

變卦

初爻變　宜守舊，性急則凶。

二爻變　有災厄，宜移動住處。

三爻變　凶。

四爻變　將有疾病，成有勞心之事。

五爻變　宜守舊，不可妄動，後則吉。

六爻變　有損失，凶。

澤火革　兌上離下　二月卦　春凶　夏平　秋凶　冬吉

官鬼	⚋	土	身
父母	⚊	金	
兄弟	⚊	水	世
兄弟	⚊	水	
官鬼	⚋	土	
子孫	⚊	木	應

䷰澤火革（全卦之解）此卦，兌澤在上，離火在下，火水相對；蓋水多則火勝，火熾則水勝；水火相減，即爲變革之義；又離夏在先，兌秋在後，夏既去而秋將至，此陰陽改革之時也；又兌金在上，離火在下，此爲以火燒金之象；以火燒金，則其形變革；又離之日沒于兌之西，有晝夜改革之義，以有此等之象，故名爲革；革者改也，去故也；故得此革者，凡事皆當改革，宜棄去故舊，創造新事業；此卦，兌爲少女，離中女，雖二女同居于一家，然而水火之性各異，終不相得，

于是不能不變，變則革，此革之所由生也。

（各爻之解）此卦，通觀六爻，則卦由困來，時窮世困，幸而出困入井；井者養也，井之象改邑而不改井，邑可改，井不可改；不可改則必先養其元氣；既養而後改革，故井在革之前。革者去故也，鼎者取新也；欲取新，必先去故，故鼎後于革；上卦三爻爲文明之革，初爻時日尙早，未可用革；二爻爲時日已至，乃可用革；三爻革事已成，上卦三爻，爲革而成悅；四爻受天命，五爻正天位，上爻爲天下化成，無不悅服。革之事，惟求其當，而所以革者，貴得其時；以是而天地未春而革夏，未秋而革冬之事，必不能成；四時之革，皆應其時也。

（占）天氣，降雨時晴，晴時降雨。○家宅應防火災。◎己身。運氣有反常之事，貨財亦不足。○婚姻可成，但夫爲妻制，又有出妻改娶之象。○生產安。○仕宜難成。○謀事可成。○訴訟，無中生有，災由外來，改訟詞則訴訟可勝。○盜賊，匿丑寅之方，可捕得。○失物，難覓。○尋人可得。○出行，宜二人同行。○待人，難來。○買賣成。○疾病，難治。○希望，初難後成。

變卦

初爻變　求財得，謀事成，尋人不見。

二爻變　待人不歸，訟失理，婚不成，諸事半吉。

三爻變　待人歸。失物不能覓得，訴訟失敗，求財不得。

四爻變　訴訟有理，謀事成，婚姻和合，諸事半吉。

五爻變　謀事不成，求財不得，萬事凶。

六爻變　諸事大吉。

火風鼎　離上　巽下

⚊	火	兄弟	身
⚋	土	子孫	應
⚊	金	妻財	
⚊	金	妻財	
⚊	水	官鬼	世
⚋	土	子孫	

十二月卦　春口舌　夏凶　秋凶　冬吉

䷱火風鼎（全卦之解）此卦，巽木在下，離火在上；以木入火，成烹飪之象；又在全體方面，初爻爲足，二三四爻爲腹，五爻爲耳，上爻爲鉉，即爲鼎之畫象、故名爲鼎；蓋烹飪之道，能變剛爲柔，改腥爲熟，養人之生命；故得此卦者，宜撫育卑幼，服從尊長，體鼎之德，去邪從正，遷善改過。鼎爲調味之具，其烹飪之精妙，口不能言，志不能喻，總而言之，其運用在于調火，離爲火而得烹飪之功，巽爲木而得緩急之用；人之飲食，一日不可缺者也；其爲德也，內巽順而外有離火之明，此鼎之日新而其道所以大亨也。

（各爻之解）此卦，通觀六爻，則井可取水，鼎可取火；故井鼎二卦，爻象相似；蓋井以坎水爲主，鼎以離火爲主；井者，汲水之置在上，故坎居于上，上卦多吉；鼎者烹飪之置在上，故離居于上，上卦亦多吉；初爻爲鼎之初，倒鼎而去穢致潔者也；二爻爲陽而居中，初爻承出穢之後，徐徐實物于其中而調和五味，待吉者也；三爻以剛居剛，且內卦之木與外卦之火，兩皆過中；木火迅烈，而鼎中沸騰；人之才德，過于激烈，則如自己閉塞；四爻鼎中之實過多，鼎之足不勝任而折，覆鼎而致凶者也；五爻爲鼎之中，有柔中之德，利于貞者也；上九，陽剛在上，及物之功，全係于此爻；鼎德之終，大吉而有利者也；三代之明王，皆以鼎爲寶，非無故也。

（占）天氣，降雨之後吹風。○家宅，宜防火災。○己身，運氣旺盛，事業成功。○婚姻雖成，然有口舌。○生產不安。○仕宦，先有阻礙，後可成。○訴訟，一時難停止，宜和解，否則有禍。〇盜賊，在東北方，難捉。〇失物，在東此方，難尋。〇出行，宜三人同行，二人同行則失財。〇尋人，居北方，難尋。〇待人，來。〇買賣成，可得自然之利，〇疾病危。〇希望急難成就。

變卦

初爻變　性急則事敗，宜謹愼。
二爻變　家內有憂慮之事。
三爻變　靜則可得親人之助。
四爻變　與人爭論則不論何事均凶。
五爻變　將因婦女之事而有損失。
六爻變　諸事均吉。

震爲雷

震上
震下

爻	五行	六親
⚋	土	妻財
⚋	金	官鬼
⚊	火	子孫
⚋	土	妻財
⚋	木	兄弟
⚊	水	父母

十月卦 春旺 夏平 秋平 冬平吉

䷲震爲雷（全卦之解）震者動也，動于一陽二陰之下；震爲本八卦之名，此卦以重震而名震；震之體，根本靜極而生動；乾之一陽，被坤之二陰所掩，奮激而出，其象爲雷，其德爲動，陽氣奮發而通達。今二震相重，則其威益熾；故得此卦者，有春氣透發之象；奮發振作，而可大有所爲；雷者，天地威怒之氣，陰陽薄擊之聲；使人恐懼謹慎，以免損失；語曰：「有疾風迅雷，甚雨，則必變，雖夜必興」；君子恐懼修省，無不敬之時，遇變則尤加謹慎；小人平時放縱，本無修省之意；一旦遇雷霆之震怒，則畏悚而不能自持；惟震來而能致其敬者，震退而不改其常，所謂恐而有福者也。

（各爻之解）此卦，通觀六爻，則上互卦爲坎，以坎爲憂，故有恐懼之象；下互卦爲艮，艮爲順，故有利悅之象，艮爲宗廟，爲社稷，故有宗廟社稷之象，以震爲祭，故有祭主之辭；六爻之義，各應其時；初爻以一陽而爲之震主，能臨事而懼，後事而樂，任天而動，與時偕行，恐懼致福者也；二爻居內卦之內，雖喪貨而可無事，乘初爻之剛而有厲者也；三爻當內外之交，內卦之震未已，而外卦之震又來，畏懼而不安，僅能免災者也；四爻爲外卦之主，以陽居陰，至于此時，震之陽威已竭，陷入汚泥之中，而不能自拔者也；五爻居外卦之中，內震乍往，外震又來，往來雖厲，然居尊位，秉中德，不失其所執之事者也；上爻居震之極，爲宗廟社稷，神明所至，恐懼修省而得无咎者也；四爻之泥，不如初爻之吉，故有損失；大抵處震之道，以恐懼修省爲主。

（占）天氣雷雨。○家宅有驚，應防災，宜遷徙。○已身，幸運來時，凡事宜振作，先難後易。○婚姻，西北成，東北不成，女子醜。○生產，得男，有驚。○仕宦，秋冬不成。○謀事，難。○訴訟，宜和解，否則有大害。○盜賊，在西南方，可以捕得。○失物，可向東西方尋得。○尋人，中途可遇。○出行，南方吉，東方凶。○待人，有信來。○買賣吉。○疾病，先危後吉。○希望，有障礙，難成。

變卦

初爻變　有動而後定之意，將有幸福。

二爻變　將有災難。

三爻變　將有損失，宜謹慎。

四爻變　靜則吉，宜待時而動。

五爻變　將有喜慶，諸事吉。

六爻變　不正之人，將有災害。

艮爲山　艮上艮下　閏月卦　春凶　夏吉　秋凶　冬吉

五行	爻	六親
木	⚊	官鬼
水	⚋	妻財
土	⚋	兄弟
金	⚊	子孫
火	⚋	父母
土	⚋	兄弟

䷳艮爲山（全卦之解）艮者止也，止于一陽二陰之上。艮爲本八卦之名，此卦以重艮而名艮，其象爲山，其德爲止；上下皆山，兩山有並峙之象；兩山並峙，不相往來，亦爲止之象；故得此卦者，宜止，進有損，又爲憂苦之二山，相重之象，事物半和半難和，凡八難之卦，雖皆上下一體，互相聯絡，然僅此卦，兩山各止于其所，不相往來，此艮之所以止也；彖辭云：「艮于其背」，背爲無耳目之處，故內不見身，外不見人；卦爻上下不相應，故視如不視，聞如不聞；以此心

而處人事，則旡咎。

（各爻之解）此卦，通觀六爻，則六爻皆取象于身；初六爲艮之初，當趾之位；凡人之動止，必從趾始；趾止則不能妄動，得止處而無得失，故止趾而旡咎者也；六二當止之時。不欲止而心不快者也；九三居內外二卦之間，不能降伏心火，薰灼于方寸之中，而有危厲之意；六四以陰居陰，善其身而旡咎者也；六五，柔中而居尊位，語默不失其時，故旡悔也；上九爲艮之終，山以厚重而爲體，山愈高而愈厚，厚重如山，不可動搖而吉者也；艮之終，在于此厚，艮之始，亦在于此厚。

（占）天氣降雨，有大風而可晴。〇家宅，男女均有愁，爲不寧之兆。〇己身，宜退守，不宜妄動。〇婚姻成。〇生產，生男。〇仕宦，遲成。〇謀事，成。〇訴訟，宜正直處事。○盜賊，在未申方，去尙不遠。○失物，在原處，可得。○尋人，在西南方。○出行，有疑，難行，推而行之則凶。⊙待人，不來。○買賣成，不可貪意外之財。○疾病，難治。○希望，不成。

變卦

初爻變　行人不至，訴訟吉，餘均不吉。

二爻變　訴訟不吉，謀事不成，婚姻疾病均凶。

三爻變　家內有憂，必受傷，危險。

四爻變　婚姻成，失物有，謀事，求財，出入，半吉。

五爻變　訴訟可勝，病危，出入不順，求財吉，行人不至。

六爻變　婚姻不成，病宜保養，求財空，諸事中平。

風山漸 巽上艮下

木	⚊	官鬼
火	⚊	父母
土	⚋	兄弟
金	⚊	子孫
火	⚋	父母
土	⚋	兄弟

正月卦 春吉 夏吉 秋吉 冬不利

䷴風山漸（全卦之解）此卦，巽木在艮山之上；樹木生于山上，則漸漸茂，此稍進之義也，故名曰漸；漸者進也，循序而進也；故得卦之時，次第進于幸運。此卦，三陰三陽，皆從乾坤來；乾爲父，坤爲母；乾三索而得艮，爲少男；坤一索而得巽，爲長女；女子及時而嫁，從禮而往，漸之義也；蓋女之歸，謂其漸而得進也；又此卦，六二之陰正位于內，九五之陽正位于外；進以正，往有功也；天下之事，莫不貴進；其進也，不貴迅速，必貴舒緩；進者漸也，世間急于功業者，失漸之道；惟女之歸，存漸之有，此爻象所以取女之歸也；男女爲人倫之始，人事之至要也。

（各爻之解）此卦，通觀六爻，則卦本于乾坤，而三四往來；陰進而止于四，居于九五而得中上六以陰居陰，各得其所；爻與家人同，而其異處僅有初爻陰陽之別；故此卦在家則上下內外順，在國則上下安；彖取女象，爻象取鴻雁飛識時，女之歸而待聘，漸之義也；以是六爻之象，其初栖息甚近，其終飛翔甚遠；初爻所謂「干」者，取象于其進之始，二爻所謂「磐」者，取象于其進，三爻所謂「陸」者，非不安也，四爻所謂「木」者，初危而終安也；五爻所謂「陵」者，升于天位之高也，上爻所謂「陸」者，人出于位之外；初爻之不得不安者，無應而不能進也；三爻之不得不安者，無德而不能進也；四爻乘剛而有德，故可以不安其舊；上爻過于高，其德可法；二五以中正而相應，以是而獨得其吉，卦畫皆以奇而先偶，鴻之飛取象于有序；下卦以一奇而率二偶，上卦以一偶而隨二奇；鴻之飛，大者先行，小者隨之；本卦取象于此，陽大陰小，長幼之節，倡隨之禮，夫婦之道也；六爻皆言漸，由初至上，各有次序；與象辭漸進之義相對明矣。

（占）天氣降雨。○家宅平安。○己身之運氣，有木在高山，逢春發生之象。○婚姻可成。○生產平安，秋得男，春夏得女。○仕宦成就。○謀事，遲成。○盜賊，其去不遠，追尋可以捕得。○失物，難尋。○出行，不利南方，東方吉。○待人來。○買賣漸可得利。○疾病凶。○希望，求財之類有阻隔，難成。

變卦

初爻變　訴訟半吉，婚姻不成就，行人至，求財無。

二爻變　諸事不吉。

三爻變　諸事均吉。

四爻變　有與友人爭競之事。

五爻變　諸事半吉。

六爻變　婚姻不成，諸事不吉。

雷澤歸妹　震上兌下　七月卦　春凶夏吉秋凶冬吉

⚋	土	應	父母
⚋	金		兄弟
⚊	火		官鬼
⚋	土		父母
⚊	木		妻財
⚊	火		官鬼

䷵雷澤歸妹（全卦之解）此卦，以兌之少女而下于震之長男，此少女嫁于少男之義；又兌悅震動，夫婦之道，悅而動則其情相和，其道長久，故名爲歸妹；蓋此卦少長非偶，夫婦之不正者也；女子以夫爲家，在男則曰娶，在女則曰歸；故漸曰女歸，咸曰娶女；此卦所謂歸妹征凶，征者私驗也；故凶所謂鑽穴隙而相窺，踰墻而相從，父母國人皆賤之者，所以痛戒之，深惡之也。故得此卦

者，難免意外之災，希望亦不能遂，處非常困難之時也；卦體以陽而居陰，其位不當，是凶道也；且以一陰而據二陽之上，以柔而乘剛，故云：「利有攸。」蓋婦德一乘，則家道由此而虧，牝鷄司晨，其禍不可勝言也。

（各爻之解）此卦，通觀六爻，則歸妹爲少女。少女無所知，故稱妹；妹者昧也，情欲相應，見可悅而昏，動不以禮，姊未嫁而妹先歸，其序紊也；娣爲媵妾而奪嫡，越其分也；婦人之德如此，凶莫大焉，何利之有；六爻柔上而剛下，内外倒置；二爻與四爻，以陽而居陰，男以不正而從女也；三爻與五爻，以陰而居陽，女以不正而從夫也；上卦爲六五乘九四，下卦爲六三乘九二；夫屈于婦，婦制其夫，陰反居上，陽降居初，皆失其漸，故漸之六爻多吉，至于上而愈吉；歸妹則初爻獨吉，至于上則無利。

（占）天氣，降雨有雷。○家宅，不能長保。○己身，一時雖發動，然而不久卽衰。○婚姻雖成，然難偕者。○生産得女，得男則母子均凶。○仕宦，求小得大。○謀事，依賴婦人則可成。○訴訟，宜和解。○盜賊，在東南方，難捕。○失物，可以覓得。○尋人，婦人則難尋。○出行，不可與女子同行。○待人，來。○買賣，不成。○疾病凶。○希望，有妨礙。

變卦

初爻變　婦人之事，宜防口舌。謹慎則諸事均吉。

二爻變　性急慮近。則心勞而無益。

三爻變　進凶，退則吉。

四爻變　易進而難退，必有後悔。

五爻變　諸事均吉。

六爻變　必有意外之損失。

雷火豐　震上 離下

土	⚋	官鬼
金	⚋ 世	父母
火	⚊	妻財
水	⚊ 身	兄弟
土	⚋ 應	官鬼
木	⚊	子孫

九月卦　春吉　夏平　秋凶　冬平

䷶雷火豐（全卦之解）此卦，震雷在上，離火在下，雷電同發，或奮或閃，其勢盛大；離日震動合體，日動于天上，普照四海，有光明盛大之象，故名爲豐，豐者大也；得此卦者氣運雖盛大，然而過大則失其形；盛者衰之始，故萬事宜退而不宜進；蓋此卦以上之互卦爲兌澤，期其惠澤之豐盈；下之互卦爲巽，以巽爲利，期其財利之豐富；然而豐于財者昏多，欲豐則亂多；以是而豐之所有，憂常伏之；卦體互卦有大過；大過者，過于中也；過日中則昏，去日中則缺。

（各爻之解）此卦，通觀六爻，則卦體以離遇震，以震爲行，以離爲光明而動，動而爲也。故得亨通而盛大；初爻如日之始出，尚未行動；二爻如日之方中，故有孚吉；三爻之明蔽于斗，四爻亦爲明蔽于斗；五爻與二爻相應，有喜慶吉；上爻豐極而凶，六爻皆有明之象而爲災，爲疾，爲斗，爲凶，皆弊其明而害其動；惟五爻獨吉。

（占）天氣降雨，將有大水。○家宅財氣頗豐，在山岳之間。○己身，氣運旺盛，惟居豐而不忘歉，則可永保此氣運。○婚姻不利。○生產不吉。○仕宦可成，有威名發達之象。○謀事，初難成，後可成。○訴訟，先吉後凶，小事與大事均可成。○盜賊可得。○失物在東方，可以尋得。○尋人難見。○出行，宜緩。○待人，不來。○買賣可成。○疾病重。○希望遲成。

變卦

初爻變　婚姻成，求財可得，待人及尋人不利。

二爻變　待人歸，訴訟凶，病凶，其餘皆吉。

三爻變　訴訟吉，其餘半吉。

四爻變　求財不得，其餘均吉。

五爻變　求財不得。

六爻變　訴訟勝，婚姻吉，謀事成。

火山旅 離上 艮下

兄弟	⚊	火	
子孫	⚋	土	身
妻財	⚊	金	應
妻財	⚊	金	
兄弟	⚋	火	
子孫	⚋	土	世

五月卦　春半吉　夏失財　秋凶　冬不利

䷷火山旅（全卦之解）此卦，離火在艮山之上，有火燒山之象。火之焚山也，山止而不遷，火遷而不止；山猶如驛舍，火猶如旅人；遷移而不定，此行旅之義也，故名曰旅。得此卦者，如在異鄉，百事不能自由。此又爲始吉而後憂之卦，宜常謹愼流寓而無友，惆悵而自憐；其窮厄而不亨，又不足怪，在不亨之地，欲求其亨，則惟在柔和涉世，明察而審將來而已；柔則以喜相親，與世無忤；明則以誠接人而不相欺；縱不能大有所得，亦可稍亨；旅之貞吉者此也；不得旅之貞吉則患在過剛，亦在不明；剛則與人不和，昧則不能保身；處旅者，宜知此義也。

（各爻之解）此卦，通觀六爻，則艮山止而在內，離火明而獨外；下卦則爲旅客遠行之象，上卦則爲流寓之象；互卦有大過，爲跋涉道路之象；六爻之辭，曰所，曰次，曰處，曰巢，各得其地也；曰災，曰焚，曰亡，各失其地也；凡羈旅之人，柔和而宜從人，剛暴而不可自恃；故六爻以柔為吉，以剛為凶：初爻以柔居下，此旅之微賤者也；二爻柔中而兼得者也；三爻過剛而喪者也；四爻雖得以剛居柔，然而不快者也；五爻柔中，費少而得大者也；上爻剛而居上，有大喪而凶者也；總之，明者有譽，昏者有災，得柔而喪剛者也。

（占）天氣降雨。〇家宅，有小屋，宜防火災。〇己身，氣運未盛；若有災害，應自己解脫。〇婚姻，女子無父母，不利夫家。〇生產得女。〇仕宦難成。〇謀事，不依賴人，自求則成。〇訴訟，宜和睦，不睦則有災。〇盜賊，難捕。〇失物，往遠處尋之可得。〇出行，不利。〇待人，來。〇買賣可得。〇疾病凶。〇希望。小事成，大事難成。

變卦

初爻變．貞明則吉。

二爻變　諸事均吉。

三爻變　諸事均吉。

四爻變　有災害。

五爻變　諸事多阻碍，性急則敗。

六爻變　宜靜養，有誠信之心則吉。

巽爲風（巽上巽下）

六親	爻	五行	
兄弟	⚊	木	世
子孫	⚊	火	
妻財	⚋	土	身
官鬼	⚊	金	應
父母	⚊	水	
妻財	⚋	土	

四月卦　春不　夏吉　秋凶　冬吉

䷸巽爲風（全卦之解）巽者遜也，入也；巽爲八卦之名，此卦重巽。故亦名巽；

巽卦之象，二陽在上，一陰伏于下；陽實而陰虛，虛則能入；風無形無色，木爲虛之象；風之所行，無隙不入；普入物之虛者莫如風，故取象于風，以卑順爲體，以容入爲用，得此卦者，應取法于此卦之溫順，從人而爲事；能以卑賤自居者，皆無不容；此人事用巽之善者也；然而不剛則不能自立，故所成不大，此彖辭所以有「小亨」之言也；又以陰爲主，才力弱而無所設施，亦不過小亨而已。

（各爻之解）此卦，通觀六爻，則卦之爲體，一陰伏于二陽之本，陽上而陰下，情相得而陰又能入；其入陽也，陽遂俯而聽令；以是之故，陰爲主而陽爲從；故巽之陰，能權能制，非優柔不斷者也；惟柔能從剛，故六爻多吉；初之進退，二之紛若，其謀審也；三剛而不中，故不能謀，又不能斷，志窮而吝者也；四爻重巽之主，以斷爲功；五爻中正而居尊位，志行而貞吉者也。六十四卦之中，九五有貞吉亡悔之勢者，惟此一卦；上爻居卦之極，任事而益勇決；不能巽懦，自甘退伏，貞凶者也。繫辭傳中所云「巽稱而隱，」非唯諂奉之謂，亦非僅柔陰陽剛柔相濟而爲用者也。

(占)天氣，有風。○家宅，宜近寺院，二人同居。○己身，運氣順遂，諸事平安。○婚姻，先難後易。○生產，秋夏得男，五爻變則難產。○仕宦，先難後安。○謀事，宜急求。○訴訟，可以和解。○盜賊，隱于西北方廟宇中，可以捕得。○失物，難得。○尋人，可遇。○出行，宜二人同行，不宜往西北方。○待人，不來。○買賣成。○疾病危。○希望，半吉。

變卦

初爻變　宜愼色情，與親人和睦。

二爻變　貞淑則得人之助。

三爻變　不變動則後有利益，半吉。

四爻變　勞而無功，且將受婦人之害。

五爻變　將有意外之爭論。

六爻變　守舊則吉。

兌爲澤　兌上兌下

土	⚋	父母
金	⚊	兄弟
水	⚊	子孫
土	⚋	父母
木	⚊	妻財
火	⚊	官鬼

十月卦　春吉　夏凶　秋吉　冬疾病

☱兌爲澤（全卦之解）兌者悅也，兌本爲八卦之名，此卦重兌，故又名兌。兌卦象以一陰之卑賤，在二陽尊貴之上；卑者在尊者之上，則其情必喜；故得此卦者，喜雖顯于外，然而事物無規律，久而不得要領；又外觀雖好，內心則有不善之意；此卦，于時爲正秋；蓋萬物至秋而成熟，人得其食用，悅其豐盈，百事亨通，人心自然歡喜，故兌者悅也；兌爲口舌，笑言自口出；兌爲輔頰，現于人之面；世之好飾外貌者，往往以容悅爲一士，其品愈卑，其心愈僞，只求悅事，而不知悅之利貞，象辭曰：「利貞」，所以戒之也。

（各爻之解）此卦，通觀六爻，則六爻雖皆言兌，然而各有剛柔之分；四剛皆君子，二柔皆小人；又在四時方面，巽木爲春，離火爲夏，兌金爲秋，天以三時生物，木氣發生，金氣收斂，巽兌二卦相反，適以相成，中皆以互卦爲離，三時相困，爲生尅自然之運；初九之和而兌，得象辭之利者也；九二之孚而兌，得象辭之貞者也；九四之喜，喜有利也；九五之厲，取其貞也；六三之來而兌，以陰柔而使人悅，而來有詐僞之風，而凶者也；上六之引而喜，雖未言凶，然而上六與三同體；三既不正，上又引之，後事之失，亦所難免，故傳云：「未光也。」

（占）天氣，降雨。○家宅，宜防女禍。有憂無喜。○己身，氣運不穩，但防有病。○婚姻，有口舌。○生產，平安。○仕宦，可成，宜依賴朋友之力。○謀事成。○訴訟可和。○盜賊難捉，隱于東北方。○失物難尋。○尋人可得。○出行，先有損失，後有喜慶。○待人，來。○買賣，依賴人之扶助，則可得利。○疾病，重而危。○希望，多而難成。

變卦

初爻變　不正而剛强，則有災害。

二爻變　守舊吉，又可得貴人之助。

三爻變　貞正則先勞後吉。

四爻變　宜防小人。

五爻變　有婦人之災，事多不如意，宜謹愼。

六爻變　貞明則吉。

風水渙　巽上坎下　三月卦　春平　夏吉　秋不利　冬吉

木	父母	⚊	身
火	兄弟	⚊	世
土	子孫	⚋	
火	兄弟	⚋	
土	子孫	⚊	應
木	父母	⚋	

䷺風水渙（全卦之解）此卦，巽風在坎水之上，風之行水上也，水必被風吹散；又以巽之春風，而吹坎之冬冰，此爲春風解散冰凍之象，坎險巽順，我難彼順，雖陷于險，然有使難渙散之象，故名曰渙，渙者散也；得此卦者，雖可脫離凶事，然有散亂之象，故難免損失之憂；又爲舟楫之象，有達于遠方之義，故遠處之交涉吉；此卦，次于兌悅而後散者也；在人事方面，一身之所患，胸懷不暢則生疾，意氣不舒則啓爭；一家之所患，內外間隔則弊成，上下壅阻則亂作。

使之渙散，則百弊均解，萬事亨通；譬如：雲霧陰冥，得風而渙散；溝澮汚濁，得水而流通；蓋此卦九二之剛，由外來而濟柔，動于內而無險困之難；六四之柔，往外而輔剛，止于外而無違逆之乖；往無不吉，事無不亨；故以渙處己則心平，以渙待人則情洽；雖一度生疑慮，然而渙然冰解，其用無窮。

（各爻之解）此卦，通觀六爻，則渙者離也；離者仍合，散而後聚，故全卦有離合聚散之象；六爻言渙，皆萬聚暗之象；初爻處于坎下，始陷于險者也；然雖遇險，亦能順而得吉；二爻以陽居陰，脫陰亡悔者也。三爻當坎險之時，忘身赴難，出險而无悔者也。四爻出坎入巽，化險爲夷，得元吉者也。五爻陽剛中正，而居尊位，以天下之險爲己之險，渙散天下之險而得无咎者也。上爻高居卦外，超然遠舉，遠于害而无咎者也；蓋天以風之疎散，化育羣生；地以水之流通，貫注四海。平天下之亂，解萬事之紛者，莫如此風水之象。

（占）天氣，降雨。〇家宅前有川，主人不安寧。〇己身，運氣雖亨通，然宜防心中變動。〇婚姻不成。〇生產，春夏得男，秋冬得女。〇仕宦，先難後成。〇謀事，先成後敗。〇訴訟可緩不可急。〇盜賊，難捕。〇失物，難得。〇尋人，在南方，可以覓得。〇出行，不宜遠行。〇待人，不來。〇買賣難成。〇疾病凶。〇希望可成。

變卦

初爻變　有關于色情之災難。

二爻變　先凶後吉。

三爻變　性急則家內有災害。

四爻變　有爭論口舌，諸事和順則吉。

五爻變　宜守舊。

六爻變　諸事凶，宜防盜賊。

水澤節　坎上兌下　十一月卦

六親	爻	五行	世應
兄弟	⚋	水	身
官鬼	⚊	土	
父母	⚋	金	應
官鬼	⚋	土	
子孫	⚊	木	
妻財	⚊	火	世

春吉　夏吉　秋凶　冬凶

䷻水澤節（全卦之解）此卦，坎水在兌澤之上；水之在澤也，多則溢，寡則渴；應其限量以止蘊之，故名曰節。節者，適中有限之謂也。得此卦者，宜安分守己，切忌貪心不足。傷節失度，則後必困窮；此卦，以三陰三陽而陰陽均適；坎之剛在上，而兌之柔在下，剛柔分而上下不亂；坎險兌悅，以兌節坎，使人悅而迫。故節而得中，則亨；不得中，則不亨而窮。此非節之咎，不得中之咎也。例如：飲食不節而致疾，言語不節而貽羞，財用不節而家敗，色欲不節而傷身；矯其弊者，絕食緘口，斬財斷欲，則雖節之，其苦不堪；節而不得其中，反而窮者，以何而亨耶？夫人事之不亨，皆由剛柔之失中。過剛則移，過柔則吝，道以是窮也。

（各卦之解）此卦，通觀六爻卦象，以坎爲上，以兌爲下；爻取剛柔均分，當位則吉，陽者實，陰者虛；實者塞，虛者通；節者竹節也；竹之通處曰空，塞處曰節。凡立物之廉隅而分經界者，皆節之義也；蓋聖人以至中爲節。其節無心；天地以循運爲節，其節無形；在卦則以坎兌相成爲節，其節有象；聖人取其象以示人，有通塞之義。故六爻皆取通塞，以言吉凶。初爻知可塞而塞，故不出而无咎。二爻宜通而塞，故失時而凶；三爻不塞而塞，咎復何辭。四爻，塞而能安者也。五爻爲全卦之主，中正而通者也。上爻塞而不通，苦節而凶者也。易道戒盈，故以節防盈；然而其節過度，亦難免凶咎。此節之所以貴中也。

(占)天氣，降雨。○家宅吉，但宜防盜賊。○已身，運氣未盛，宜待時。○婚姻成。○生產平安，得女。○仕宦，不成。○訴訟，可以和解。○謀事，再三求而後成。○盜賊，在西北方。○失物難尋。○尋人，急尋之則可得。○出行，利西北，不宜急行。○待人，不來。○買賣，難成。○疾病凶。○希望難成。

變卦

初爻變　訟有理，有貴人助，吉。

二爻變　訴訟可和，求財不得，婚姻成，出入吉，謀事不成，待人歸。

三爻變　出入，疾病，訴訟，均凶；尋人可遇，婚姻不成，餘不吉。

四爻變　訴訟和睦，生產得女，待人卽來，諸事半吉。

五爻變　求財得，謀事成，訴訟得貴人之助而勝，失物可以尋得。

六爻變　出入，謀事，求財，婚姻，訴訟，均平吉。

風澤中孚　巽上兌下

木	官鬼	
火	父母	
土	兄弟	世
土	兄弟	
木	官鬼	身
火	父母	應

八月卦　春平　夏平　秋吉　冬吉

䷼風澤中孚（全卦之解）此卦，以巽爲上，巽風應時而發，四時不忒其候，則爲風之信；兌澤之水，朝潮夕汐而不爽其期者，澤之信也；在全體方面，二陰在內，四陽在外；在二體方面，二五皆陽；陰者虛也，陽者實也；二陰在內者，中虛之象；二五皆陽者，中實之象；中虛者，無心之信；中實者，有心之信；中虛者，信之本也；中實者，信之質也；中虛中實並具，有心無心之信皆備也。且中孚爲全卦之離，離者心也，信者固有者也，故名曰中孚。中孚者，中有信之謂也。得此卦者，正直則吉，邪曲則凶；其相應者，有善與不善，不可不熟察也；此卦三四兩爻，陰柔合而在兩體之內；二五兩爻，陽剛而各居一卦之中；柔內剛中，上巽下悅；相輔而行；乘天下之所順，行天下之所悅。卦體中虛，隨虛舟之風而往來，與波上下，任天而行。以此心而往，則雖危而可涉；往無不利，此中孚利貞之所以吉也。

（各爻之解）此卦，通觀六爻，則卦體如鳥卵，初上兩奇包于外，如卵之甲殼；二五之陽如蛋白，三四之陰如卵黃。鳥覆育其卵曰孚。應期而化，子由中出，故曰中孚。卦體以巽爲上，以兌爲下；巽爲東南而司春，兌爲正西而司秋。由春至秋，由東至西，天地生物之功畢矣。在五行方面，兌爲金，巽爲木。以金剋木也。造物之理，生殺相因。卵不裂則鳥不可成。巽木之利于涉者，兌金之功也，故兌毀折而後悅也。初爻爲鳥伏子之象，其心專一；二爻爲受卵之象，其化將成，故有「鶴鳴于陰，其子和之」之辭；三爻，子在殼中，有成敗可憂之象，故有「得敵」之辭；四爻有孵卵將成之象，故有「幾于月望」之辭；五爻成雛鳥之羣，有飲啄相呼之象，故有「有孚攣如」之辭。上爻習雛之飛，有其音上下之象，故有「翰音上天」之辭。在人則初上爲軀，三四爲心，二五爲情。然而三四同虛，而有善于不善之別；正則善，不正則不善。爻得位則正，失位則不正。初爻得位，二爻得中，三爻不當位，四五兩爻當位，上爻不當位。故初二四五等爻，爲孚之善者；三上兩爻，爲孚之不善者也。

（占）天氣，有風。○家宅，雖可久保，然有禍患。○己身，初盛而後衰，又宜防風波之難。○婚姻，雖成而凶，將有訟事。○生產，平安，得女。○仕宦，可成。○訴訟。急則有利，遲則有妨。○盜賊，在東方，可捕得。○失物，難得。○尋人，難遇。○出行，吉。○待人，來。○買賣，難成。○疾病，多凶。○希望，可成。

變卦

初爻變　謀事成，求財吉，婚姻成，訴訟勝。

二爻變　訴訟宜和解，婚姻成，病愈，謀事先敗後成，求財得半。

三爻變　出入不和，訴訟和睦，婚姻成就，求財可得。

四爻變　婚姻成，求財有，疾病安，諸事吉。

五爻變　病凶，行人至，求財有，失物難尋，謀事有利。

六爻變　婚姻成；失物有，訴訟敗，諸事半吉。

雷山小過　震上 艮下

父母	⚋	土	
兄弟	⚋	金	
官鬼	⚊	火	世
兄弟	⚊	金	
官鬼	⚋	火	
父母	⚋	土	應 身

二月卦

春吉　夏吉　秋凶　冬半

䷽雷山小過（全卦之解）此卦，震上而艮下，震動而艮止。動止宜得其中。不動而止，皆過也。又在全體方面，二陽在內，四陰在外，陰過于陽也。陽大陰小，所過者小，故名小過。小過者少過之義也。得此卦者，宜爲小事，不宜爲大事。此又爲飛鳥之象，目見鳥之飛，耳聞鳥之聲，而手不能取，有意常不滿，萬事難成之意。此卦，小事可成；二五之柔，得中者也。大事不可成；三四之剛，不中與不正也。二陽在中，爲鳥之身；四陰在外，爲鳥翼將飛之象。飛鳥過高，欲下不得，哀鳴而求救；上則愈危，下則可以安集，故有「宜上不宜下」之辭。人驕亢則危，遜順則安。蓋謙卑而下人，則雖不能當大任，亦可爲小事而獲吉。

（各爻之解）此卦，通觀六爻，則上下四偶，艮欲止，震欲動；四陰用事，二陽在凶而多懼之地。陰任所往而不能自止，鳥振翼高飛而身不能自主；冀之飛愈高，而身愈不安，哀鳴而求援不得，所謂飛鳥遺音也。故小過之時，下止則吉，上動則凶，六爻皆取鳥之象。初上在外，翼之翰皆凶。二五為翼，二無咎，五雖中而無功。此上下之別也。三四為身，三為艮止之主，不能止而應上，故凶；四為震之主，雖動而應下，故无咎；上則逆，下則順，道由是成也。

（占）天氣，降雨。○家宅，戶主有兩人無利。○己身，病難防。○婚姻難成。○生產有難。○仕宦難遂。○謀事可成。○訴訟，宜和解。○盜賊難捕。○失物，難得。○尋人，與他人同行，尋之可得。○出行凶。○待人，來遲。○買賣難成。○疾病，可以治愈。○希望，難成。

變卦

初爻變　不可輕舉妄動。

二爻變　守舊則大吉。

三爻變　關于婦人之事，將有口舌。

四爻變　身心堅固則大吉。

五爻變　諸事均吉。

六爻變　將有疾病及損失。

水火既濟 坎上 離下　　正月卦 春平 夏凶 秋平 冬吉

兄弟	⚋ 應	水
官鬼	⚊	土
父母	⚋	金
兄弟	⚊ 世	水
官鬼	⚋	土
子孫	⚊	木

䷾水火既濟（全卦之解）此卦，坎水在上，離火在下；水火二物，相資而為用，成既濟之功。改名曰既濟。既濟者，濟于既也。此卦，事既成，遂又有衰意。初吉而終亂者，雖能成就，然而終則難免破壞。得此卦者，宜防禍慮患；若能防禍

慮患，毫不懈怠。則終吉也。既濟未濟二卦，處易經之終，其象皆取坎離。坎離象水火，爲人生之大用；水得火則不寒，而資生之利善；火得水則不燥，可成烹飪之功。水火相濟，故曰既濟；卦體剛柔得中，物無不濟。六爻正而當位，既濟之所以爲既濟者在此。然當既濟之時，徒拘目前而志滿氣盈，失保之之道，故亂由此起。凡人靡不有初，鮮克有終，見此卦而應知所戒矣。

（各爻之解）通觀六爻，易經六十四卦，始于乾坤；上經三十卦，終于坎離，天地之所以終也。下經三十四卦，終于既濟未濟，坎離之所以交也；天下之事，未濟則憂其不濟，既濟則宜圖其永濟。終非無始，往非無來；一治一亂者，天也。一陰一陽者，道也。天無無陰之陽，世無無亂之治。今觀六爻，則六位得所，奇偶各三，其數均勻；以陰居陰，以陽居陽，而當其位。六爻上下剛柔相配，其應正也；

乾坤以來，三百七十二爻，循環往復，變化交錯，然後得旣濟以成濟世之功；由之愼始圖終，則治而不亂，固爲萬世人民之幸福。然而亂極則思治，治極則思亂；天運有剝復而卦象示其機。下爲離而互卦坎，上爲坎而互卦離，反復之象也。以陰乘陽，初治而終止者，盛衰之兆也；彖辭有「愁之則亂」之言，造化之數，不能長治久安者，非人力之所能强爲也。初剛二柔三剛四柔五剛六柔，與天一地二天三地四，天五地六，其數相合。然至于六而止，天地之數未完，而未濟已來，皆自然之法象也。故衆人以旣濟爲喜，聖人以旣濟爲憂。未治者易治，旣治者難保也。六爻以孜孜保濟者，各有其序也。初爻爲濟之始，力求其濟者也；二爻得濟之中，不失其濟者也；三爻涉濟之險，其濟甚難者也；四爻處濟之時，有濟而復失之懼也；五爻受濟之福，其濟合時而有喜也；上爻當濟之極，慮其濟之不久也。凡卦皆至終而窮，既濟之終則爲未濟；六十四卦窮于未濟，則既濟之初吉其可恃耶？

（占）天氣降雨。○家宅，不安。○己身，爲氣運全盛之時，盛極則必衰，須防後患。○婚姻，急則凶，遲則吉。○生產，春夏得女，秋冬得男。無障碍。○仕宦，先有辛勞憂患，終則升至高官顯職。○謀事，求三次可得。○訴訟，後可和解。○盜賊，在近處，可捕得。○失物難得。○尋人可得。○出行，宜與人同往東北方，不宜獨行。○待人來。○買賣，依賴貴人之力則吉。○疾病凶。○希望難成。

變卦

初爻變　訟勝，婚姻不成，失物不見，其餘吉。

二爻變　病危，求財不得，謀事及其他諸事均凶。

三爻變　訴訟長久，病凶，其他諸事均吉。

四爻變　訟有理，病吉其他諸事均吉。

五爻變　求財有，訴訟吉待人不來。

六爻變　失物不出，求人與財吉謀事可成。

火水未濟　離上坎下

火	⚊	兄弟	應
土	⚋	子孫	
金	⚊	妻財	
火	⚋	兄弟	世
土	⚊	子孫	
土	⚋	父母	身

七月卦　春平　夏平　秋安　冬吉

䷿火水未濟（全卦之解）此卦，與旣濟相反；離火在上，坎水在下，水火未交，而不爲烹飪之用，故名曰未濟。未濟者，尙未濟也。從此以後，水火相交而臻于濟，故此爲後來獲吉之兆。其趣大抵與旣濟相似；旣濟大抵由吉趣凶，未濟則由凶向吉。得此卦者，事雖未濟，然宜勉期其濟；一時雖不濟，然而後則必濟。若安于未濟，而不求其濟，則終于未濟。夫人之涉世，不能無險，當險則不能不求其濟處于未濟者，能涉險而出于險外，必求達于彼岸；不半途而廢，則由未濟進而爲既濟，復何往而不利耶？人事當此，絕而復續，終而復始。已然者保而不失未然者進而無窮。如此則未濟者必濟；一時未濟者，位之不當也。此卦，水火轉倒，而各失其位。故而不爲用。不相爲用，則不相濟；然而亦非終于不濟；卦體，上互卦有坎，下互卦有離；坎剛離柔，上下相應，未濟之進而爲既濟也。剛柔相應，以柔濟剛，卽以終續始，復何險之不濟耶？天道循環，人事代更，不過剛柔相應而已。

（各爻之解）此卦，通觀六爻，則既濟已有功，未濟事復始；終而復始，有生生之義；生生者，易也。易之所以終于未濟也。既濟者，水在上而勢欲下，火在下而勢欲上，二氣參和，而交致其用。未濟者反之；炎上者上升，流下者反下；分背而不交，不相爲用，然而共致其用，則其用已成，不相爲用，則正待其用。故坎離之既濟未濟者，猶如乾坤之泰否；泰極則否，既濟而後未濟，其象相同；下三爻者，未濟中之未濟也；上三爻者，未濟中之既濟也。由未濟而既濟，故爻象視既濟爲吉。聖人當既濟之時，不忘未濟之念，當其未濟者，益切既濟之圖。業必慎始，功不墮于垂成。天運永貞，治道藉以長久。此卦，陰陽倒置，爻位失當；坎離不能各安其宅，水火不能互藏其用。六爻位雖不當，柔剛則各相應。初爻濡尾，無濟之具；二爻曳輪，爲濟之具。三爻涉川躁動，故凶，內卦三爻，皆欲濟而未濟。四爻有賞震代而行志，五爻有輝光，以孚而得吉也。上爻濡首，飲食而失節也。外卦三爻，皆由未濟進而爲既濟者也；二五兩爻爲正應，故曰：「皆貞吉」也。初四兩爻雖相應，然而初當濟之初，四則得濟之中，故初不如四之吉，三與上皆處極位。三爻以皆濟而失利，上爻以既濟而言節，皆所以示戒也，戒之者，所以保其終也。易之道，以不終爲終，終即始也。故乾曰：「首無」，坤曰：「終無」。六十四卦，不終于既濟，而終于未濟者，既濟已盡，未濟無窮，以既而啓未，以未而續既；乾坤之大用，即在于坎離之相續。

(占)天氣降雨，晴後有旱之兆。○家宅，宜改易方向。○己身，現在運途顛倒之時，諸事宜慎。○婚姻，先難後成。○生產平安；內三爻動則得男，外三爻動則得女。○仕宦，宜遲。○謀事，可成。○訴訟，宜和。○盜賊，在眼前，可以捉得。○失物，可以尋得。○尋人，自歸。○出行，宜近不宜遠。○待人，不來。○買賣，先難後成。○疾病，有凶兆。○希望，可成。

變卦

初爻變　有女人之害，勞苦多，宜有信心。

二爻變　貞正而進則吉，以我意而進，則有後悔。

三爻變　信心深之人，家內有害。

四爻變　依從貴人，尊長之言則吉，師心自用則凶。

五爻變　將有與親人口舌爭論之事，宜注意。

六爻變　守舊則吉，妄動則凶。

風雷益　震下巽上

火	⚊	應	兄弟
土	⚊		小兒
金	⚋		官鬼
水	⚋	世	妻財
土	⚋		子孫
木	⚊		父母

七月卦　春凶　夏吉　秋大吉　冬平

䷩風雷益（全卦之解）此卦，巽風在上，震雷在下，雷風相交，而相助相益。雷迅則風怒，風烈則雷激。巽之長女在上，震之長男在下；夫婦和睦，家有吉祥之象，故名爲益。益者增也，得也。得此卦者，賴人之助，受人之惠，有得利益之意。益己而損人者，非益也。己有益而無損于人，始可稱爲益。卦名雖吉然而此卦身心辛苦，居住不安，有破財敗產之象。

（各爻之解）此卦，通觀六爻，則天地否時，有初六去而四在，九四來而初居之象；損上益下，損君益民者也。治國之道，損君之財而惠民，則其國富强，益之義也。初九爲事之始，圖利益謀恆久，使天下受益者也。六二中正而受益，永貞而吉者也。六三以陰取陽，爲震之極；雖動而求益，然其志救凶而无咎者也。六四居巽之初，與五爻相比，與初爻相應，有益下之志者也。九五，剛健中正，以益爲主，惠下而爲益也。上九，陽剛而在外卦之極，求益過甚，有凶者也。要之卦義與損相反；六爻之義，亦與損先後互相反。

（占）天氣，陰。○家宅多破損之處，宜修理，又當慎防火災。○己身，運氣尚佳。○婚姻吉。○生產平安。○仕宦不吉。○謀事，不成。○訴訟，宜自己反省。○盜賊，難捕。○失物，可以尋得。○尋人難遇。○出行，急則有災，獨行則諸事不成。○待人，來遲。○買賣成。○疾病凶。○希望難成。

變卦

初爻變　不可性急，正直則得貴人之助。

二爻變　宜慎色情，順從二人之言則吉。

三爻變　宜守舊。

四爻變　妄動則凶。

五爻變　諸事均吉。
六爻變　諸事先凶後吉。

易理鑰（終）

易經占卜靈書

易理鑰

定價大洋三元

編著者　虞山吳文愚

出版者　科學研究社

印刷者　中西書局活版部

發行所　上海望平街　中西書局總店

各省中西書店均有分售

本局
函購部
啓事

啓者貴埠書局如倘未備有本局出版各書。則請將所要書籍名稱。及尊處詳細地址。連同書款由郵局掛號寄交「上海望平掛中西書局收」。敝局接到之後。當日照配發貨。極爲妥便。與面購無異。（如匯兌不便之處。以國內通用郵票代洋亦可。惟限一省用之郵票及印花稅票不收。外國紙幣依照市價計算。）備有詳細書目。函索卽奉。

（同業批發。印有批發目錄）

心一堂術數古籍珍本叢刊　第一輯書目

占筮類			
1	擲地金聲搜精秘訣	心一堂編	沈氏研易樓藏稀見易占秘鈔本
2	卜易拆字秘傳百日通	心一堂編	
3	易占陽宅六十四卦秘斷	心一堂編	火珠林占陽宅風水秘鈔本
星命類			
4	斗數宣微	【民國】王裁珊	民初最重要斗數著述之一；未刪改本
5	斗數觀測錄	【民國】王裁珊	失傳民初斗數重要著作
6	《地星會源》《斗數綱要》合刊	心一堂編	失傳的第三種飛星斗數
7	《斗數秘鈔》《紫微斗數之捷徑》合刊	心一堂編	珍稀「紫微斗數」舊鈔秘本
8	斗數演例	心一堂編	
9	紫微斗數全書（清初刻原本）	題【宋】陳希夷	斗數全書本來面目；有別於錯誤極多的坊本
10–12	鐵板神數（清刻足本）——附秘鈔密碼表	題【宋】邵雍	無錯漏原版秘鈔密碼表　首次公開！
13–15	蠢子數纏度	題【宋】邵雍	蠢子數連密碼表打破數百年秘傳　首次公開！
16–19	皇極數	題【宋】邵雍	清鈔孤本附起例及完整密碼表研究神數必讀！
20–21	邵夫子先天神數	題【宋】邵雍	附手鈔密碼表研究神數必讀！
22	八刻分經定數（密碼表）	題【宋】邵雍	皇極數另一版本；附手鈔密碼表
23	新命理探原	【民國】袁樹珊	子平命理必讀教科書！
24–25	袁氏命譜	【民國】袁樹珊	
26	韋氏命學講義	【民國】韋千里	民初二大命理家南袁北韋
27	千里命稿	【民國】韋千里	
28	精選命理約言	【民國】韋千里	北韋之命理經典
29	滴天髓闡微——附李雨田命理初學捷徑	【民國】袁樹珊、李雨田	命理經典未刪改足本
30	段氏白話命學綱要	【民國】段方	民初命理經典最淺白易懂
31	命理用神精華	【民國】王心田	學命理者之寶鏡

32	命學探驪集	【民國】張巢雲	發前人所未發 稀見民初子平命理著作
33	澹園命談	【民國】高澹園	
34	算命一讀通——鴻福齊天	【民國】不空居士、覺先居士合纂	
35	子平玄理	【民國】施惕君	
36	星命風水秘傳百日通	心一堂編	
37	命理大四字金前定	題【晉】鬼谷子王詡	源自元代算命術
38	命理斷語義理源深	心一堂編	稀見清代批命斷語及活套
39-40	文武星案	【明】陸位	失傳四百年《張果星宗》姊妹篇 千多星盤命例　研究命學必備
相術類			
41	新相人學講義	【民國】楊叔和	失傳民初白話文相術書
42	手相學淺說	【民國】黃龍	民初中西結合手相學經典
43	大清相法	心一堂編	重現失傳經典相書
44	相法易知	心一堂編	
45	相法秘傳百日通	心一堂編	
堪輿類			
46	靈城精義箋	【清】沈竹礽	沈氏玄空遺珍 玄空風水必讀
47	地理辨正抉要	【清】沈竹礽	
48	《玄空古義四種通釋》《地理疑義答問》合刊	沈瓞民	
49	《沈氏玄空吹虀室雜存》《玄空捷訣》合刊	【民國】申聽禪	
50	漢鏡齋堪輿小識	【民國】查國珍、沈瓞民	
51	堪輿一覽	【清】孫竹田	失傳已久的無常派玄空經典
52	章仲山挨星秘訣（修定版）	【清】章仲山	章仲山無常派玄空珍秘 門內秘本首次公開 沈竹礽等大師尋覓一生未得之珍本！
53	臨穴指南	【清】章仲山	
54	章仲山宅案附無常派玄空秘要	心一堂編	
55	地理辨正補	【清】朱小鶴	玄空六派蘇州派代表作
56	陽宅覺元氏新書	【清】元祝垚	簡易・有效・神驗之玄空陽宅法
57	地學鐵骨秘　附　吳師青藏命理大易數	【民國】吳師青	釋玄空廣東派地學之秘
58-61	四秘全書十二種（清刻原本）	【清】尹一勺	玄空湘楚派經典本來面目 有別於錯誤極多的坊本

91	地學形勢摘要	心一堂編	形家秘鈔珍本
92	《平洋地理入門》《巒頭圖解》合刊	【清】盧崇台	平洋水法、形家秘本
93	《鑒水極玄經》《秘授水法》合刊	【唐】司馬頭陀、【清】鮑湘襟	千古之秘，不可妄傳匪人
94	平洋地理闡秘	心一堂編	雲間三元平洋形法秘鈔珍本
95	地經圖說	【清】余九皋	形勢理氣、精繪圖文
96	司馬頭陀地鉗	【唐】司馬頭陀	流傳極稀《地鉗》
97	欽天監地理醒世切要辨論	【清】欽天監	公開清代皇室御用風水真本
三式類			
98-99	大六壬尋源二種	【清】張純照	六壬入門、占課指南
100	六壬教科六壬鑰	【民國】蔣問天	由淺入深，首尾悉備
101	壬課總訣	心一堂編	過去術家不外傳的珍稀六壬術秘鈔本
102	六壬秘斷	心一堂編	
103	大六壬類闡	心一堂編	
104	六壬秘笈——韋千里占卜講義	【民國】韋千里	六壬入門必備
105	壬學述古	【民國】曹仁麟	依法占之，「無不神驗」
106	奇門揭要	心一堂編	集「法奇門」、「術奇門」精要
107	奇門行軍要略	【清】劉文瀾	條理清晰、簡明易用
108	奇門大宗直旨	劉毗	天下孤本　首次公開
109	奇門三奇干支神應	馮繼明	虛白廬藏本《秘藏遁甲天機》
110	奇門仙機	題【漢】張子房	奇門不傳之秘　應驗如神
111	奇門心法秘纂	題【漢】韓信（淮陰侯）	
112	奇門廬中闡秘	題【三國】諸葛武侯註	
選擇類			
113-114	儀度六壬選日要訣	【清】張九儀	清初三合風水名家張九儀撰日秘傳
115	天元選擇辨正	【清】一園主人	釋蔣大鴻天元選擇法
其他類			
116	述卜筮星相學	【民國】袁樹珊	民初二大命理家南袁北韋
117-120	中國歷代卜人傳	【民國】袁樹珊	南袁之術數經典

占筮類			
121	卜易指南(二種)	【清】張孝宜	民國經典，補《增刪卜易》之不足
122	未來先知秘術——文王神課	【民國】張了凡	內容淺白、言簡意賅、條理分明
星命類			
123	人的運氣	汪季高(雙桐館主)	五六十年香港報章專欄結集！
124	命理尋源	【民國】徐樂吾	民國三大子平命理家徐樂吾必讀經典！
125	訂正滴天髓徵義	【民國】徐樂吾	民國三大子平命理家徐樂吾必讀經典！
126	滴天髓補註 附 子平一得	【民國】徐樂吾	民國三大子平命理家徐樂吾必讀經典！
127	窮通寶鑑評註 附 增補月談賦 四書子平	【民國】徐樂吾	民國三大子平命理家徐樂吾必讀經典！
128	古今名人命鑑	【民國】徐樂吾	民國三大子平命理家徐樂吾必讀經典！
129-130	紫微斗數捷覽(明刊孤本)[原(彩)色本] 附 點校本 (上)(下)	馮一、心一堂術數古籍整理編校小組 整理	明刊孤本 首次公開！
131	命學金聲	【民國】黃雲樵	民國名人八字、六壬奇門推命
132	命數叢譚	【民國】張雲溪	子平斗數共通、百多民國名人命例
133	定命錄	【民國】張一蟠	民國名人八十三命例詳細生平
134	《子平命術要訣》《知命篇》合刊	【民國】鄒文耀、【民國】胡仲言撰	《子平命術要訣》科學命理；《知命篇》易理皇極、命理地理、奇門六壬互通
135	科學方式命理學	閻德潤博士	匯通八字、中醫、科學原理！
136	八字提要	韋千里	民國三大子平命理家韋千里必讀經典！
137	子平實驗錄	【民國】孟耐園	作者四十多年經驗 占卜奇靈 名震全國！
138	民國偉人星命錄	【民國】囂囂子	幾乎包括所民初總統及國務總理八字！
139	千里命鈔	韋千里	失傳民初三大命理家-韋千里 代表作
140	斗數命理新篇	張開卷	現代流行的「紫微斗數」內容及形式上深受本書影響
141	哲理電氣命數學——子平部	【民國】彭仕勛	命局按三等九級格局、不同術數互通借用
142	《人鑑——命理存驗·命理擷要》(原版足本)附《林庚白家傳》	【民國】林庚白	傳統子平學修正及革新、大量名人名例
143	《命學苑苑刊——新命》(第一集)附《名造評案》《名造類編》等	【民國】林庚白、張一蟠等撰	史上首個以「唯物史觀」來革新子平命學結集
相術類			
144	中西相人探原	【民國】袁樹珊	按人生百歲，所行部位，分類詳載
145	新相術	【美國】李拉克福原著、【民國】沈有乾編譯	通過觀察人的面相身形、色澤舉止等，得知性情、能力、習慣、優缺點等
146	骨相學	【民國】風萍生編著	結合醫學中生理及心理學，影響近代西、日、中相術深遠
147	人心觀破術 附運命與天稟	【日本】管原如庵、加藤孤雁原著，【民國】唐真如譯	觀破人心、運命與天稟的奧妙

178	《星氣(卦)通義(蔣大鴻秘本四十八局圖并打劫法)》《天驚秘訣》合刊	題【清】蔣大鴻 著	江西興國真傳三元風水秘本
179	蔣大鴻嫡傳天心相宅秘訣全圖附陽宅指南等秘書五種	【清】蔣大鴻編訂、【清】汪云吾、劉樂山註	蔣大鴻徒張仲馨秘傳陽宅風水「教科書」！
180	家傳三元地理秘書十三種		真天宮之秘 千金不易之寶
181	章仲山門內秘傳《堪輿奇書》附《天心正運》	【清】章仲山傳、【清】華湛恩	直洩無常派章仲山玄空風水不傳之秘
182	《挨星金口訣》、《王元極增批補圖七十二葬法訂本》合刊	[民國]王元極	秘中秘——玄空挨星真訣公開！字字千金！
183-184	《家傳三元古今名墓圖集附謝氏水鉗》《蔣氏三元名墓圖集》合刊(上)(下)	(清)孫景堂，劉樂山，張稼夫	蔣大鴻嫡傳風水宅案、幕講師、蔣大鴻、姜垚等名家多個實例，破禁公開！
185-186	《山洋指迷》足本兩種 附《尋龍歌》(上)(下)	【明】周景一	風水巒頭形家必讀《山洋指迷》足本！
187-196	蔣大鴻嫡傳水龍經注解 附 虛白廬藏珍本水龍經四種(1-10)	【清】蔣大鴻編訂、【清】楊臥雲、汪云吾、劉樂山註	蔣大鴻嫡傳一脈授徒秘笈 希世之寶 千年以來，師師相授之秘旨，破禁公開！完整了解蔣氏嫡派真傳一脈三元理、法、訣！ 附已知最古《水龍經》鈔本等五種稀見《水龍經》
197	批注地理辨正直解	【清】章仲山	無常派玄空必讀經典未刪改本！
198	《天元五歌闡義》附《元空秘旨》(清刻原本)		
199	心眼指要(清刻原本)		
200	華氏天心正運	【清】華湛恩	
201-202	批注地理辨正再辨直解合編(上)(下)	【清】蔣大鴻原著、【清】姚銘三再註、【清】章仲山直解	失傳姚銘三玄空經典重現人間！名家：沈竹礽、王元極推薦！
203	章仲山注《玄機賦》《元空秘旨》附《口訣中秘訣》《因象求義》等九種合刊	【清】章仲山	近三百年來首次公開！ 章仲山無常派玄空秘密，和盤托出！章仲山注《玄機賦》及章仲山原傳之口訣及筆記
204	章仲山門內真傳《三元九運挨星篇》《運用篇》《挨星定局篇》《口訣篇》等合刊	【清】章仲山、柯遠峰等	
205	章仲山門內真傳《大玄空秘圖訣》《天驚訣》《飛星要訣》《九星斷略》《得益錄》等合刊	【清】章仲山、冬園子等	
206	撼龍經真義	吳師青註	近代香港名家吳師青必讀經典
207	章仲山嫡傳《翻卦挨星圖》《秘鈔元空秘旨》附《秘鈔天元五歌闡義》	【清】章仲山傳、【清】王介如輯撰	透露章仲山家傳玄空嫡傳學習次弟及關鍵不傳之秘
208	章仲山嫡傳秘鈔《秘圖》《節錄心眼指要》合刊		
209	《談氏三元地理大玄空實驗》附《談養吾秘稿奇門占驗》	【民國】談養吾撰	史上首次公開「無常派」下卦起星等挨星秘密之書
210	《談氏三元地理濟世淺言》附《打開一條生路》		了解談氏入世的易學卦德爻象思想
211-215	《地理辨正集註》附《六法金鎖秘》《巒頭指迷真詮》《作法雜綴》等(1-5)	【清】尋緣居士	集《地理辨正》一百零八家註解大成精華 匯巒頭及蔣氏、六法、無常、湘楚等秘本 史上最大篇幅的《地理辨正》註解
216	三元大玄空地理二宅實驗(足本修正版)	【民國】尤惜陰(演本法師)、榮柏雲撰	三元玄空無常派必讀經典足本修正版

心一堂術數古籍珍本叢刊 第二輯書目

217	蔣徒呂相烈傳《幕講度針》附《元空秘斷》《陰陽法竅》《挨星作用》	【清】呂相烈	蔣大鴻門人呂相烈三元秘本三百年來首次破禁公開！
218	挨星撮要(蔣徒呂相烈傳)		
219-221	《沈氏玄空挨星圖》《沈註章仲山宅斷未定稿》《沈氏玄空學(四卷原本)》合刊(上中下)	【清】沈竹礽 等	揭開沈氏玄空挨星五行吉凶斷的變化及不同用法 章仲山宅斷未刪本、沈氏玄空學原本佚文、玄空挨星圖稿鈔本 大公開！
222	地理穿透真傳(虛白廬藏清初刻原本)	【清】張九儀	三合天星家宗師張九儀畢生地學精華結集
223-224	地理元合會通二種(上)(下)	【清】姚炳奎	分發兩家(三元、三合)之秘，會通其用 詳解注羅盤(蔣盤、賴盤)；義理、斷驗俱精
其他類			
225	天運占星學 附 商業周期、股市粹言	吳師青	天星預測股市，神準經典
226	易元會運	馬翰如	《皇極經世》配卦以推演世運與國運
三式類			
227	大六壬指南(清初木刻五卷足本)		六壬學占驗課案必讀經典海內善本
228-229	甲遁真授秘集(批注本)(上)(下)	【清】薛鳳祚	明清皇家欽天監秘傳奇門遁甲 奇門、易經、皇極經世結合經典
230	奇門詮正	【民國】曹仁麟	簡易、明白、實用，無師自通！
231	大六壬探源	【民國】袁樹珊	民初三大命理家袁樹研究六壬四十餘年代表作
232	遁甲釋要	【民國】徐昂	推衍遁甲、易學、洛書九宮大義！
233	《六壬卦課》《河洛數釋》《演玄》合刊		疏理六壬、河洛數、太玄隱義！
234	六壬指南(【民國】黃企喬)	【民國】黃企喬	失傳經典 大量實例
選擇類			
235	王元極校補天元選擇辨正	原【清】謝少暉輯、【民國】王元極校補	三元地理天星選日必讀
236	王元極選擇辨真全書 附 秘鈔風水選擇訣	【民國】王元極	王元極天昌館選擇之要旨
237	蔣大鴻嫡傳天星選擇秘書注解三種	【清】蔣大鴻編訂、【清】楊臥雲、汪云吾、劉樂山註	蔣大鴻陰陽二宅天星擇日日課案例！
238	增補選吉探源	【民國】袁樹珊	按表檢查，按圖索驥：簡易、實用！
239	《八風考略》《九宮撰略》《九宮考辨》合刊	沈瓞民	會通沈氏玄空飛星立極、配卦深義
其他類			
240	《中國原子哲學》附《易世》《易命》	馬翰如	國運、世運的推演及預言